一流教學力，無限影響力

教學的王道

金牌講師教練／教學私董

廖孟彥（孟老師）

著

道非常道，眾師之師

當老師是個嘔血的行業，而且常常連續嘔血二次。

第一次是你嘔心瀝血地備課，準備了上好的教材，設計了上等的表演。然後在眾人前表演完，卻發現學生們未能跟上，於是二度嘔血。

這是個打開網路人人就可以當老師的年代。許多人面目浮誇，嘩眾取寵地在演。你就演吧，贏得了掌聲無數，而實際上，學習者所得有限，無法並進。如果學習者無法並進，你演得再好，這堂課能算是成功嗎？

孟老師從事的是一項專業中的專業，他的工作是訓練大家口中的「職業講師」。而孟老師這專業之非常，是因為在他面前的學生並非常人，都是行內的專家，他們也都是職業講師、教師或企業培訓師。

　　這些好為人師者，就其過往的專業和經歷，都各自有自己的一套。大家心中都清楚，演一場鬧劇容易，而一堂課就要讓學生的能力馬上有所提昇，卻非易事。

　　但，行家一出手，就知有沒有。多少年，在實戰課堂上獲得無數次業內的學生（專業講師）的推薦和知名企業的肯定，孟老師的成就幾乎絕無僅有。這非常難，非常不容易。

　　反證卻很容易。有很多專騙初哥的所謂明星教練，在鏡頭前大言不慚的紙上談兵，問之行內，搖搖頭，都是笑話，行內皆知，看破不說破。

　　能夠立足於業內，孟老師獲獎無數，自有其師威，權威之所在；而他身體力行，時刻保持溫文爾雅，謙虛內斂，更是師風翩然。至於師德及師藝，二者俱備，深受學生推崇。轉戰多年，他那一套獨到有效的心訣，今天終於公諸於世，能從中得窺他如何真心為每個學習者把脈，助其精進。

　　道、法、術、器，這個排序本身就是智慧的精萃。所謂「器」，教學的工具，在你面前用一次你就會了，把它放上社群平台，重播再重播，大家就都會了。所謂「術」，教學的方法千百種，學下來把之熟習也不難。

　　真正困難在於實戰，難在拳頭要出在剛好的時候，然後落在著力的地方，這就是「法」，所謂思考的法門，教學的

策略，這是一種實戰的思路，如何因人制宜，能夠針對不同人、不同需求，提供最適切有效的解決方案。

更難的是師者有其「道」，教學背後的精神和哲學，那是整個教學成果的支柱，一位大師的靈魂和智慧泉源所在。這最後的「道和法」，促成了孟老師這麼多年來能帶領眾多專業講師更上一層樓，使其屹立不搖於業內，道非常道，為眾師之師。

曾孟卓

現任痞客邦執行長
《行銷江湖》、《五花馬非馬》作者

匠心入魂，
把培訓當作摯愛的職人精神
——知道是什麼點燃內心的光芒，
就能照亮全世界

　　孟彥要出書了，之前他已經是專業講師領域內的佼佼者，不只授課還培訓講師，各式教材編寫早已著述等身，但這次出書他仍然慎重準備，分享他的心血經驗，希望幫助更多的人。承蒙邀約，我想從一個集團教育訓練資源的需求者、使用者、共事者，分享我的觀察與感受。書如其人，瞭解這位作者不妨先略聊這位作者工作習性。

　　我跟孟彥認識有近二十年，他是我過去服務中華汽車部門內負責教育訓練的單位主管，當時品牌內經銷體系的營業據點全國平均維持大約有一百五十個，上課對象從各級銷售主管、資深業務的分級課程和新進業務人員，總人數千名以

上。課程內容包含銷售技巧、顧客滿意、領導管理、團隊激勵和新車型上市產品訓等，學員對象眾多、課程項目本來就多，孟彥除了要編寫教材外，經常也要自己擔任講師，工作自然耗心又耗力。加上我本人想隨環境變遷，翻新許多上課的教材內容，無疑進一步加重了他的工作量，但讓我印象最深刻的是，他對這個工作不只是盡職、勤奮不嫌煩累，而是始終有一份發自內心、擁抱的摯念，這在日常的面對面討論當中，一次次可以深深的感受到，樂於工作對他而言是興趣，不是勵志的口號。

有一天晚上，他來找我說想要離職，希望我可以成全他，說明了他要往培訓產業發展，當下我沒有因為失去得力夥伴而試圖挽留，基於以往的共事默契與自信，我反而把自己先前的構想，還沒成熟、還沒對人提及的體制內教育訓練創業跟他分享，就是將原有工作業務成立法人獨立化，以此為基礎將培訓服務的觸角開拓至公司以外的對象。徵詢他是否有意願來擔綱演出，他回應的不是願意嘗試，而是有信心完成，當時我再度感受到他對教育訓練那種出自內心的摯愛。

在獲得公司協助與支持下，他離崗不離職，轉換跑道為

公司、也為自己開啟了教育訓練的另一扇門。有了更獨立、靈活的組織可以運作後,十多年來他帶領同仁盡情揮灑熱情、專業,開創的成就、服務的產業之廣、好評口碑之多,已非原來能想像得到,更為集團獲得無數獎項的肯定。當然一路以來也不是一帆風順,來自客戶過高的要求、同業競爭的考驗,他總是不斷地自我精進,把自己淬煉得更加堅韌、有底蘊。本書萃取孟彥多年來從事教育訓練的實務精髓,節省讀者摸索甚至失誤的心力,闡述的內容貼近工作實務、又不失教育訓練工作者須具備的系統觀,讀者可自書內獲得印證。

這麼長時間的相處,孟彥不管是當一位訓練工作的上班族、內部講師、培訓機構的總經理、職業講師或是企業顧問和教練,不論在哪種角色,始終一本這個幾乎是他命定職涯的初心,用心、無私、發光發熱付出,在這本亦專業工具書、亦白話敘事著作,到處可見他的職人匠心精神的嵌入。我有幸第一時間受邀讀到這本書,不惴簡陋,僅以短篇數語為他祝賀並為讀者引介。

王國繼

順益汽車總經理
中華汽車公司本部協理

別人我不曉得，但你一定會成功

── 如果世界上有「奇蹟」，那只是「努力」的另一個名字

　　恭喜孟彥完成《教學的王道》一書，將自己在近二十年來的兩岸與東南亞企業教學領域上所習得跟實踐的經驗，轉化成為有條理、有系統的文字，並樂於分享給所有對教學、講授有興趣的同好。同時，也恭喜正在翻閱此書的讀者，您們將會隨著《教學的王道》的文字長河，一窺感性與理性並存的教學桃花源。

　　認識孟彥是在二〇〇七年的中華汽車，因為他對企業培訓的熱愛，促成他從業務部教育訓練單位轉調到中華汽車人才培訓中心，後來更經由內部創業，於二〇一四年參與籌備成立睿華國際管理顧問公司，我們一起共事合作長達十一

年，我看見他的堅定與熱情，他授課時的風采與技巧，早早贏得學員對他的讚賞，「孟老師」的名號更已成為企業培訓界閃亮的金字招牌。

孟老師的教學與其說是上課，更像是一場精心安排的秀，融合了專業知識、教學設計、表達技巧、活動引導……等，生動有料，精準傳達，個人魅力及風範獨樹一格。這些年來，孟彥除了擔任職業講師的教學教練，教導如何踏上職業講師的舞台外，更持續協助企業建立內部講師制度，幫助各行各業養成內部講師團隊，幫助企業藉此留下核心知識與技能，促進企業的人才培育與經驗傳承。

時至今日，樂見孟彥更進一步地將他的所學所長，一字一字的寫下來，利用平日繁忙的教學之餘，完成《教學的王道》大作，這份熱情與不藏私的精神，非常令人敬佩！敢於分享，代表個人理念、價值觀不再搖擺不定，手法與風格已有自己的特色，更是對「教」「學」相長已能融會貫通，因此，我要借用一句孟老師在授課時鼓勵學員的話來回贈給他：「別人我不曉得，但你一定會成功！」

　　講師擁有好的教學力，是幫助學員個人成長的催化劑，哪怕是一句話、一個手勢都可以有無窮的影響力，這就是教學的魅力與重要性。孟老師說過有很多讓學員朗朗上口的「孟想彥語」，例如：「專業讓人稱職，熱情使人傑出」精準點出了每個人、每項工作要有好表現的關鍵元素，擔任講者更應該如此。還有，孟老師上台時的一句問候：「各位好」，要求台下同聲回應「好、很好、非常好」，簡單有力的開場白，瞬間就帶動起教室裡的學習活力，這都是教學技與藝的展現。

　　《教學的王道》這本書，不論是對教學同好或是企業要提升內部講師教學力來說，絕對稱得上是一本具備理論架構、專業知識及實戰指導教科書等級的經典之作，千萬不容錯過，誠心推薦給大家。

黃得超

嘉裕股份有限公司 副董事長
裕隆集團總管理處人資法務系統副總經理

培訓界「行走的百科全書」
──我與孟老師的一段教育奇緣

　　認識孟老師是某培訓機構要新成立華人教育影音學習平台，禮聘孟老師擔任影音平台總經理。孟老師在培訓領域深耕多年，深知在華人影音智庫中，清涼音的地位舉足輕重，清涼音在三十多年前即從事影音出版，可說是台灣最資深的培訓顧問公司，合作的優秀講師一百多位，人數眾多，內容豐富多元，於是孟老師專程南下高雄找我洽談影音授權。

　　我很好奇一位在實體培訓做得這麼好的知名管顧公司總經理，為何要轉換到經營線上影音平台的領域。孟老師說：「華人教育影音學習平台，能夠整合每個人的智慧，人人都可以是好講師，透過網路無遠弗屆的力量，讓知識為全人類

所用，提供更多元豐富的學習資源，這是一個利人又利己的事業。」孟老師的回應，讓我感受到他的浪漫的情懷及對教育的熱忱。

我知道這是一條有使命、有意義，卻是非常辛苦的崎嶇道路，我走過、我清楚。但孟老師對知識傳承和樂於分享的精神感動了我，我全力給予支持和協助。縱使後來孟老師離開了該機構，我知道孟老師的取捨之間，仍是對於知識傳承有著很深的使命和堅持。

之後，孟老師選擇再度回到企業培訓領域擔任專職的講師和顧問。有一回在我的邀約下，孟老師南下授課來住我家，我和孟老師有了更深度的交流與生命的對話，更理解孟老師對知識傳承的熱情和堅持，不是那種把名聞利養放在第一考量的講師，只要是能對傳承有利的事，他都很願意奉獻他的專長。

我邀請孟老師跟清涼音合作成立【師道知音】平台，希望協助有志走向企業培訓的後輩，能省去自我摸索的時間，得到明師的指路。這個平台期待借重孟老師在企業HR、職業

讀者，輕鬆掌握教學的本質與技巧。

李佳達

世界觀學院創辦人

有句廣告金句說，我是當了爸爸以後，才開始學習當爸爸的。講師何嘗不是？理論知識都很充足，但如何成為這領域的高手，只能在一次次的教學中嘗試與學習、精益求精。看到孟老師出書後，我們找到了標準，我為即將站上台的講師感到開心，孟老師將他十多年的教學經驗系統化、邏輯化的呈現，讓你有步驟的向大師學習。

李傳政

亞碩國際管理顧問公司 總經理

每年都有許多業界的優秀工作者，詢問是否合適擔任講師，本書正好給予解答。書中從你為何要當講師的心態、觀念與價值切入，教導教學上如何設計與技巧提升，甚至評估自己是何種風格的講者，及如何規劃講師的職涯，書中都有詳細的分享，值得想要從事講師領域的講者，好好閱讀。

周佑民

康士藤管理顧問公司 總經理

體驗過孟老師的課程，就會發現課堂的鋪陳，從開場技巧、教學設計到演練活動，皆能觀察到安排的巧思，除了切合學習目標外，更能貼近不同受眾的學習習慣，總能帶給學員驚喜的體驗，讓學員更加內化與上手，達到企業內部知識落地的效益。

林揚程
太毅國際顧問集團 執行長

認識孟老師時，他是一家知名管顧公司經營者，我想可能是這樣的經歷，使他對於如何培育優秀講師該具備的道與術，有其獨到且深刻的見解。孟老師常說：「一位好講師必須同時扮演好導演、編劇及演員的角色。」我深有同感。這箇中的巧妙智慧，就待讀者從孟老師這本書中細細品味了。

柯全恒
天來人才管理顧問公司 執行長

《教學的王道》是一本真正的教學經典，孟老師以卓越專業的經驗，展示了教學藝術的高超水準。將教學層次細分為道、法、術、器四個層次，為所有教學工作者提供無價的指

引與啟示。我由衷推薦這本書，這絕對是教學領域的必讀之作。

許延岳

緯育TibaMe股份有限公司 執行長

孟老師始終站在學員的視角，掌握需求、設計精彩課程，深獲企業好評。現將累積多年經驗整理成冊，將擔任講師的知識、技巧、工具及表單結構化的彙整分享，為企業後進提供重要的指引。鄭重推薦！

黃美萍

盟亞知識管理學院 營運長

90%的新手講師最終都沒辦法成為全職選手，關鍵就在「不知道怎麼開始？」孟老師在職業講師領域同時擔任過甲方與乙方，更是TTQS評委和國家人才發展獎（NTDA）顧問，熟悉企業人才培育與發展，能從產／官／學界全視角來指導「職業講師」是如何煉成的。本書從講師定位、授課技巧到職涯擘畫，及企業內部講師團隊的建立都有全方位的指導，堪稱是講師界最佳的學習寶典。

鄭均祥

言果學習創辦人

孟彥老師在擔任主管、講師、顧問、教練與評核委員的角色，總能保持開放與謙虛的心態學習、分享與內化，展現優異的才能與熱情。相信孟彥老師殫精竭慮的新書，勢必造福所有讀者。

鍾文雄
一零四資訊科技公司 資深副總經理暨人資長

十位培訓領域專家

聯合推薦

——皆按姓氏筆劃順序

學能化臻入境,游刃有餘,是有跡可循的,善教者,使人繼
其志,會教學者總是能把學生教會,並且讓其知道何以如
此,孟老師就是這樣的講師,這是一本想從事教學工作者可
以閱讀的經典好書。

王勝忠
SUPER教師╱教育類暢銷書作家

認識孟老師一路從TTQS評核委員,榮獲TTQS金牌、國家訓
練品質獎,業界過招如獨孤九劍,就如同書中切換導演、編
劇和演員的角色,游刃有餘而已。身為後學,只能從書中親
炙大師風采,模擬享受課堂間的振聾發聵。

白景文
中國文化大學勞動暨人力資源學系專任副教授
清華大學教育心理與諮商學系兼任副教授

廖委員專注企業人才培育，範圍擴及兩岸和東南亞，十多年來熱情始終如一，專業務實的態度更是有口皆碑，本書以企業主、HR和講師等多重角度，分享企業如何落實經驗傳承和人才發展的實務作法，絕對是值得再三閱讀的實用之作。

張文龍

中華民國工業協進會祕書長
實踐大學企管系專任教授

我在學術界做了多年創新教學研究，也在企業做新型態講師培訓，教過無數職前、在職教師與職業講師，但現在才從孟老師的書裡看到系統化教學力的強大影響力。不只是教學的王道，更是教學的王者！

連育仁

美商ViewSonic優派學院院長
中原大學應用華語文學系兼任副教授

早期因緣際會，在孟老師正式出道前就對他投入訓練的熱情印象深刻，古人云：「正人先要正己」，在管顧界中，孟老師是我所知真正的自我實踐者，本書內容為他親身力行修煉

之見地精華，不僅深入淺出，反覆閱讀應用更有領悟。

陳冠宇

中華人力資源管理協會 副理事長

關於教學，我總認為是一件很複雜的事，真的好難！但在多年來辦理各項訓練課程中，認識了一位能讓學員在短時間內就融入課程，理論和實務又能完美的落地，這就是孟老師。本書他將多年的授課經驗所累積的智慧用文字呈現，絕對值得我們再三的閱讀，領略有層次的教學。

陳博鍊

中華民國全國中小企業總會 企發中心主任

「當熱情和天賦結合的時候，就是你的使命所在」，教學是孟老師熱愛的事，也是上天賦予他生為講師這麼好的條件，他對教學的使命感，總是令人尊敬和佩服，這本書是孟老師集數十年教學之大成，帶領大家進入教學背後的「道」，誠心推薦！

陳麗萍

財團法人資訊工業策進會數位教育研究所組長

在推動醫療品質與醫學教育期間，孟老師是我們重要的合作夥伴與專家顧問，對於種子師資的培育、策略的建構與制度的推動，提供諸多實務有效的做法。孟老師的大作整合在培訓界多年的實戰經驗，十分實用可讀，值得推薦！

黃仲毅

前醫院評鑑暨醫策會副執行長／前臺北醫學大學人資長

《教學的王道》展現孟老師在教學領域的紮實理論和深厚功力，最可貴的是能融會貫通、結合絕妙寫作技巧，達到知識創造與分享的境界。孟老師的熱情無私，猶如火焰燃燒，點燃學子的講台夢。

黃麗玲

中華人力資源管理協會 副理事長

「教學不是注滿一桶水，而是點燃一把火。」壯哉斯言！孟老師將十多年來在教學場域中的經驗和體悟，於書中系統性、結構化的向讀者們傳授點燃學習者心中那把火的道、

法、術、器的技藝，是所有知識工作者都值得花時間細讀的
大作。

趙大維

法國ESSEC商學院談判教研中心前亞洲分部創始主任
新加坡國立大學兼任教授／台灣大學兼任教授級專家

講台很小、舞台很大，上台一小步、人生一大步

——人生不只要自己贏得比賽，更要幫別人一起完賽

「引路靠貴人、走路靠自己」、「勤改變命運、善改變人生」，這兩句話可以說是我過去二十多年來職涯的最佳寫照。我從一位小小的銀行櫃員直到成為兩岸培訓機構的總經理，這一路上真的是遇到許多貴人的引路，讓我少走許多的彎路，我珍惜每一次上台的機會，除了全力以赴外，更是心存感恩。因為我始終相信，只要越努力、就一定會越幸運，你能幫助的人越多，你的人生就會更有意義，而當我有能力時，是不是也可以幫別人做點什麼？所以有了這本《教學的王道》誕生。

「謝謝孟老師，我還沒上這個課程前，自認簡報和講課

都在水準之上。上完課後，讓我重新檢視到自己的不足，更打通了我教學的任督二脈，這是我從業十六年來，第一次課後發信感謝老師。」這是去年一位科技業的工程師課後特別發信給我的回饋。

其實，每次看到台下學員的笑容和發亮的眼神，都讓我更清楚自己的使命，雖然過去我已講授超過六百梯次的講師培訓課程，但能幫助到的人還是很有限，因為並不是每個人都有機會能上到我的課，所以我一直在思考有什麼方式可以讓更多人少走彎路，無論是內部講師、職業講師、企業主管或是想上台分享的小白，都能夠更快速地掌握到教學背後真正的祕訣，更有自信地上台、更有效率地達成教學目標。雖然透過出書是最辛苦、投報率最低的方式，但卻是可以讓最多人花最少成本就可以學習的管道，所以有了這本《教學的王道》誕生。

「大道至簡」，我歷練過企業的HR、內部講師、上市集團講師團總教練、職業講師和培訓機構的總經理，熟悉兩岸培訓市場，更擔任TTQS評委和國家人才發展獎的顧問，專精企業培訓和人才發展體制的建立。所以，我不僅能以一位職業講師的視角，更能透過這多重角色的觀察，把多年來所累

積的知識、經驗和體悟，經由系統化的萃取和轉化，用更精簡的「道、法、術、器」四個層次來拆解，協助講師能更精準、更快速地掌握到一場精彩教學背後真正的道，所以這本書稱作《教學的王道》。

「孟」這個字有「開始、啟蒙」的意涵，學員都說我是引領他們站上台的啟蒙老師，所以就稱呼我是「孟老師」。因為我始終相信每位能站上台的人都有值得學習的地方，但很可惜的是，並不是每個人都能發揮出影響力，這背後的關鍵往往就是缺乏教學力。我目前累積授課超過三千場次，每一場幾乎都能拿到滿分的高評價，我願意將這教學背後的祕訣分享給您，就是期待您也能透過教學放大您的影響力，幫助更多的人，「講台很小，舞台很大」，您自信上台的一小步，可能是改變他人或是成就自己人生的一大步。

本書出版前推薦序的邀約，我發了訊息給台灣培訓界十大知名培訓機構的領導人、十位在不同領域一起為台灣人才培育貢獻心力的權威專家，四位對我出這本書有深度影響的貴人，大家都在第一時間回覆表達支持，更讓我深感責任重大。

　　尤其是在我二○二一年選擇當一名專職的講師和顧問後，管顧同業夥伴立即熱情地邀約我合作，讓我到目前仍能維持每年超過一千小時的授課時數，真的很感謝大家對我的肯定，才能成就現在的我。同時，我也要感謝這麼多年來一直支持我的企業客戶和學員夥伴，你們的肯定和鼓勵更是讓我能持續前進最大的動力來源。

　　當然這本書的完成，我更要感謝這一路以來支持我、體諒我的家人，這一年來好多個假日我都只能閉關寫作，還有多位默默在背後鼓勵我的好友，讓我在一天授課的疲累後，回家還能繼續堅持的寫下去。

　　「不忘初心、方得始終」，我受惠於這麼多貴人的相助，也期待我能透過《教學的王道》這本書能成為您的引路人，在夢想的路上與您相伴。

廖孟彥

金牌講師教練

目錄

第 1 章　知識工作者的價值與使命

第 2 章　系統化教學的道與術

第 **1** 章

知識工作者的
價值與使命

教學不是填滿一桶水，
而是點燃一把火。

──孟想彥語──

　　「左思右想，我是否應把這些知識內容分享出去？」相信你一定曾有過這樣的心情。這是一位知識工作者經常有的疑問，既希望和別人分享你的學習和成長心得，但又擔心這樣會帶來不可預期的風險，心中難免會存在這樣的矛盾？探究這背後的原因，不外乎是擔心以下這兩個問題：

　　1. 花時間、沒好處

　　分享知識前必須花許多時間來整理，但分享出去又沒有收費，對自己並沒有直接帶來好處，只是讓別人可以免費獲得這些知識，而且別人還不見得會感謝你，這種吃力不討好的事，還是等到有時間和餘力時再來做就好了。

　　2. 被模仿、被取代

　　雖然自己也很樂意分享，也很享受和大家一起學習成長的樂趣，但如果真的毫不藏私地將自己好不容易學到的知識和心得分享出去，萬一被抄襲或模仿了，會不會反而威脅到自己的利益，失去原本具有的優勢，甚至因此被別人給取代了呢？所以還是留一手會比較保險些。

1-1 / 知識分享 的收穫與價值

　　那麼成為一位知識工作者的價值到底在哪裡呢？我就用如何看待上述這兩個問題來談談我個人的觀點吧。因為這兩個問題，也是許多學員經常問我的問題。

　　老實說，我自己一開始也曾有過這樣的迷失，因為身為一位知識工作者，最擔心的就是好不容易自己創作或研發的內容被模仿或被抄襲，但經過多年來的觀察和體悟，尤其是這十年來社群媒體的快速發展，我更認同和相信這句話：「分享，才能讓你成為真正的專家。」

　　你或許會覺得這句話聽起來似乎有點矛盾？但為什麼我會有這樣的體悟呢？我就用回答上述這兩個問題：「花時間、沒好處」和「被模仿、被取代」來說明我觀點，如下：

一、花時間、沒好處

大家一定有過這樣的經驗，要將自己的專業知識和實務工作心得整理出來，甚至更進一步地教導別人，這背後所花費的時間和心力絕對不是一般人可以理解的。不過，也正因為如此，當你認真地準備和整理這些知識時，其實自己也同時獲得了以下三個好處：

1. 自我成長

「給人一杯水，要先有一桶水」，能夠成為一位知識工作者，一定是在某個領域的專業受到肯定，但你是否有能力將這些專業知識或豐富經驗做有系統地整理，甚至能夠去分享或教導別人，那又是另一個層次的問題了，因為要有能力去教導別人，就必需讓自己提升到「師」的境界。

那什麼是「師」的境界呢？我將一位知識工作者對專業領域的知識的掌握度分成三個層次，分別是「工」、「匠」和「師」的境界，我認為要有資格去教導別人，一定要到達「師」的境界，說明如下：

❶「工」的層次：

指的是對自己對所屬的專業領域只達到「熟」的階段，也就是對專業領域的內容是熟悉，但還沒達到精細理解的程度。

❷「匠」的層次：

指的是在自己的專業領域上已經達到「精」的階段，就是我們常說的達人或匠人精神，也就是對專業內容的理解已達到很精緻和精細的程度，雖然自己可以做得很棒，但還不懂得要如何教導別人。

❸「師」的層次：

指的是在自己的專業領域上已經提升到「通」的階段，也就是對專業內容的理解已達到融會貫通和觸類旁通的境界了，能自在地掌握知識輸出的方式，也能充分回應學習者的問題，我認為到了這層次才真正有資格成為「人師」。

由此可知，一位知識工作者無論是透過分享或教學，為了要讓別人可以快速理解所傳達的知識內涵，必須不斷探索和提升自己對專業領域的認知和體悟，才有能力將知識和經驗轉化成讓人容易吸收的內容，而這背後的自我學習和提升的過程中，收穫最大的其實是自己。

2. 教學相長

這一點我特別有感受，因為在過去十多年的授課職涯中，雖然某些主題我已經講過上百次，對課程內容的熟悉度和掌握度自認已經達到精熟和融會貫通的層次了，但在我教學的過程中，還是會遇到聽眾針對課程的某些內容有不同的觀點，他們可能是真的不理解而提出疑問，但也可能是這個領域的專家想提出不同的看法，透過大家彼此的意見交流及回饋，經常能讓我有所反思，也可能因此發現自己的盲點，察覺到原本的知識缺口，反而讓我有持續精進的機會。

尤其是關於軟實力的課程主題，如管理、溝通和銷售等，在我分享或授課的過程中，往往能從學員的提問、回饋或是發表的案例中得到新的收穫或啟發，更深化了我對原本課程內容的理解和認知。所以更正確地說，無論是透過分享或教學，對知識工作者來說都是另一種形式的學習，也是再次成長的機會，這就是教學相長真正的意義。

3. 利人利己

古人有云：「君子三不朽，立德、立功、立言。」這是春秋時期魯國大夫叔孫豹所提出來的觀點。所謂的「立德」，指的是要能樹立高尚的道德；「立功」是為國為民建

立功績；「立言」指的是能提出具有真知灼見的言論，此三者皆能歷久不廢、流芳百世。其實有幸能成為一位知識工作者或是講師，我們在實踐的不也是期望能達到「立言」的境界嗎？

這也讓我聯想到佛法裡談到「法布施」的境界，其實一位知識工作者和講師能透過語言或文字來分享知識，幫助有需要的人，發揮影響力，從另一個角度來看，這不也正是佛法裡談到的「法布施」？透過講經、印經，結緣給他人，勸人向善、給人力量，讓人長智慧。如果我們可以把自己實踐有成的知識或經驗，透過分享或教導的方式傳承下去，讓人增長知識、幫人解惑、給人力量，這不也是另一種形式無量功德的「法布施」嗎？

尤其是在自媒體的時代，如果你能把有價值的知識和經驗整理後進行分享，讓更多人可以因此受益，必將能吸引更多人的關注，獲得更多肯定的聲音，這樣不但可以幫助他人，自己也能獲得尊重，成為大家心目中的專家。在這個知識經濟的時代，你能幫助的人越多，價值就越大，更可能成為該領域的KOL（Key Opinion Leader，關鍵意見領袖），有更多被看見和推薦的機會，甚至能將知識變現，讓自己更上層樓，在幫助別人的同時，也成就了自己。

二、被模仿、被取代

　　這個問題可以說是一位知識工作者最在意的事情了，大家總是擔心自己無私的分享後，內容會被抄襲或被模仿，反而成就了他人，讓自己被取代，這樣豈不是得不償失呢？如果你也有這樣的疑問，害怕因此被他人超越的話，那麼我想分享以下這兩個觀點：

1. 趨勢為王、未來已來

　　面對這個科技日新月異、資訊一日千里的時代，我們都必須有這樣的認知：知識會折舊、經驗會落伍、技術會汰換。如果你擁有目前相對優勢的知識或技術，但卻一味的堅守舒適圈，不願意和外界交流的話，很可能在不久的將來就會面臨直接被趨勢淘汰的命運。

　　如同近年來發展迅速的智慧製造、AI人工智能、Chat-GPT等，很可能就會直接汰換掉你曾經引以為傲的技術，甚至連知識工作者的許多工作內容也都會受到威脅或被輕易地被取代。

　　在這個資訊爆炸的時代，身為一位知識工作者必須要保持開放的心態，要能跳脫以往自學，自己找答案的階段，透

過連線學習和跨界學習，保持和外界的交流，樂於分享、用答案換答案，才能不斷地吸收新的資訊，持續充實和精進自己的專業素養，提升自己認知的層次，擴展自己的視野，才不會被這個時代所淘汰。

2. 有知識不等於就有力量

　　大家應該都聽過這句話：「知道和做到，是世界上兩個最遙遠的距離。」如果你是一位講師應該很清楚，學員上課聽明白了、知道了，但課後卻不願意去做，其實就等同於不知道。所以，擁有知識的本身並不具備力量，知識是必須靠實踐才會產生力量。

　　換句話說，如果一個有用的知識能有更多被實踐的機會，就有機會產生更多具體的成果，也更能證明這個知識所能帶來的價值，這才是知識所發揮出來的力量。我們很幸運身處在自媒體這麼發達的年代，正好可以運用這樣的優勢，透過分享和教學讓更多人能接觸到你所傳遞的資訊，讓這些知識能有更多被看見和被實踐的機會。

　　舉個簡單的例子，假設你分享一個成功瘦身的食譜，如果別人也學習你的方式去實踐，同樣達到瘦身的效果，是不是就證明了你的做法是有效的，若再透過他人分享這個食

譜，有更多人實踐後又分享更多的成功案例，這樣不就幫助到更多人達成瘦身的目的，也更加驗證了這個食譜的價值。這時你將更被認同和肯定，必定能發揮更大的影響力，成為該領域的專家。

所以，不用擔心你的專業會因為分享而被取代，這些實踐者反而是你的支持者，更能幫你擴大知識的價值和影響力。換個角度來說，其實你應該擔心的是，沒有人想要抄襲你的內容，這可能意味著你的專業沒有與時俱進，讓人完全沒有想要模仿或學習的動機。

因此，我經常提醒自己，縱使有些內容被抄襲或模仿了，那表示他們也是認同和肯定的，我對此一向秉持的態度是「始終模仿、無法超越」的自我要求，讓自己不斷地精進和提升，最終要超越的人，其實是自己。

以上就是我透過回覆這兩個問題，用不同的觀點來說明成為一位知識工作者和講師可以為別人和自己所帶來的價值與收穫。

最後，我想分享自己的一個體悟，我認為身為知識工作者還有一個很類似「畢馬龍效應」（Pygmalion Effect）的好處，就是當大家都很期待你分享的內容時，基於這樣被期

待的壓力，反而能轉換成持續創作的動力，把自己內在的潛能給激發出來，日積月累下來，無形中也增長了自己的智慧。

所以，真正的成功不在於你贏過多少人，而是你幫助過多少人。一位知識分享者的價值就在於他是如何被記憶、被提及，如何為有需要的人創造價值、提供更遼闊的視野。你幫助過的人越多，價值就越大，人生也將更加精彩和豐盛。

1-2 / 講師應有的修煉與角色認知

一、講師應有的四大修煉

我擔任「職業講師養成班」教練時，經常有學員問我：「講師這舞台要怎樣才能站得穩、站得久呢？」其實能站上台成為一位講師，就是一件不容易的事，而要成為一位受歡迎的講師，更是一件不簡單的事。我曾擔任過三家知名培訓機構的總經理，合作過數百位講師，看過許多講師在這行業裡起起落落、來來去去，有些講師最終沒有闖出一片天，黯然退場，也有講師是快速竄紅，但曇花一現、未能長久，當然也有講師穩紮穩打、不斷自我精進，成為業界的長青樹。

那麼要怎麼做才能在講師這條路上，走得長、走得久，

成為一位受人歡迎和敬重的講師呢？以我在業界超過十五年來的觀察心得，我認為要成為一位傑出的講師必須要能擁有以下這四項修煉，我稱之為：師德、師藝、師威和師風，分述如下：

1. 師德

指的是講師的德性操守，也就是講師在面對教學這件事應該具備的正確心態和品德素養，不能忘記當講師的初心就是為了助人成長，發揮正向的影響力。如同一位醫生的養成，首先要培養的就是醫德，也就是醫生必須有一顆平等無私救人的愛心。試想如果你面對的是一個有醫術，但卻沒有醫德的醫生，你能放心讓他為你治病嗎？

所以，我想引用德蕾莎修女（Mother Teresa）說的這句話：「愛，是在別人的需要上，看見自己的責任。」站上台成為一位講師，是負有使命和責任的，要能給學員正確的引導、解除學員的疑惑，展現樂於分享的熱情，德術兼修，才有資格成為一位真正的「人師」。

2. 師藝

「沒有教不會的學生，只有不會教的老師」，這裡所說的「藝」指的是講師的授課能力，許多講師具備豐富的學術涵養和實務經驗，但卻缺乏教學技巧，上起課來總是讓人覺得枯燥乏味，興趣缺缺，實在很可惜。

因此，講師除了必須具備該領域的專業知識外，更應該精進教學技巧，學習如何透過更好的教學方法，讓知識可以更完整地被傳遞與吸收，否則就是浪費學員的時間。這包含了魅力表達、引導促動和課堂問題處理等能力，如此才能更精準地引導學員、掌控課堂氣氛，達到預期的學習效果。

3. 師威

師威就是講師在所屬的專業領域上，一定要有自己獨有的特色，可以是知識內涵、工作成就或是人生閱歷，能提出獨特的理論和觀點，獲得大家的認同，在專業領域上具有一定程度的權威和聲望。

因此，講師必須要持續地吸收新知，在專業領域上不斷地精進，能帶領學員掌握趨勢、學習創新，讓自己的專業與時俱進，經得起市場的考驗，能成為一家之言，如此便能具備一定的威望。

4. 師風

　　相信大家都認同這句話：「身教重於言教。」身為人師更是要隨時提醒自己這句話，因為在學員的心目中，講師通常是他們學習或模仿的對象，具有一定的示範效果或指標性的意義，學員也會默默地關注著講師的一舉一動，聽其言，觀其行，不可不慎啊！

　　因為，講師的言行舉止會對學員造成一定程度的影響，所以，講師在課堂上的表現是否專業？行為是否得體？平時的為人處世是否能依然言行一致，以身作則，展現出一致的風範，這些都會影響學員對講師的信任度。

　　以上四項就是我認為身為一位講師必須要具備的紀律和修煉，尤其是師德和師風，講師更要能不忘初衷。因為在業界這麼多年來，我實在也看過太多位令人失望的講師了，在台上是一位充滿正能量和處處懂得感恩的講師，私底下卻是汲汲營營唯利是圖的商人性格。尤其是自媒體當道的時代，有太多過度的行銷和包裝的手法了，但請相信我，這絕不是讓這條路能走得長久的方法，終將會有讓人看明白的一天。

二、講師三位一體的角色認知

　　我身為講師的老師，每年要點評的企業內部講師超過四百位，尤其我更是上百位職業講師幕後的教練和推手，從觀察每年這麼多位內、外部講師上台的表現，我的心得是：有些講師的演繹能力很強，很有表演天分，但就是聽不出授課的邏輯和想要表達的重點；有些講師很有內涵，但缺乏表演和互動的能力，無法吸引學員專注聆聽；有些講師雖然具有表演力和場控力，但卻無法掌控學員的學習成效。

　　因此，我認為要成為一位傑出的講師，就必須要能同時扮演好導演、編劇和演員這三位一體的角色，如此講師才能完整地傳達教學的理念和知識，讓學員能專注地投入課程，達到預期的學習成效。

　　那麼該怎麼做呢？我說明如下：

1. 導演的角色

　　講師在授課前要能像一位導演般，清楚知道拍這部電影最終想傳達給觀眾的理念和價值是什麼？如此才能明確的要求編劇寫出合適的劇情內容，以及演員要表演到位的相對應程度。

同樣的，講師在教學前必須先清楚這課程的教學目標為
何？期待透過這個課程傳達給學員什麼理念和感受？後續也
才能夠更聚焦在教材內容的編寫上，並能搭配適當的教學設
計和互動技巧，達到預期的學習效果。

2. 編劇的角色

　　所謂的編劇，對講師而言，就是教材編撰的能力，這部
分也是我認為講師最欠缺的能力，尤其許多內部講師上課所
使用的教材都是公司所提供的「公版」教材，因為內容不是
講師自己所寫的，所以常常產生望文生義，對內容的理解有
所落差，導致傳達錯誤，或者雖然傳達得很清楚，但無法結
合自己的經歷或故事，缺乏情感的融入，最終淪為一名「說
書匠」。

　　職業講師同樣也會有類似問題，常常是同一套教材講了
好多年，未能順應趨勢、與時俱進，或是無法針對學員的需
求，持續研發創新，只是不斷地「炒冷飯」，終究還是會被
市場所淘汰。

3. 演員的角色

　　無論是一部電影或是一齣戲劇，演員對角色的詮釋是否

到位，可說是攸關成敗最重要的關鍵，因此演員除了要清楚導演對角色的要求，熟讀劇本外，互動氛圍的掌握、角色情緒的融入，以及動作表情是否到位，這些因素都必須考量，如此才能有完美的角色演繹。

其實，講師在授課時就如同扮演著演員的角色，要清楚教學的目標，掌握課程要傳遞的核心理念，熟悉教材的內容和教學方法的設計，同時還需要具備調動學員情緒和應變課堂異常狀況的能力，才能讓學員持續專注地投入課程情境中，達到預期的學習效果。

由以上分析可知，一位講師要在台上「演」得好，可說是必備的基本功，但要不淪為說書匠，也不能只是一位知識搬運工，那就必須要有「編」的能力，能夠研發產出課程內容，更重要的是，講師必須要有「導」的能力，才能全面掌握課程的進行，確保達成學習成效，這就是一位傑出的講師必備的「導」、「編」、「演」三位一體的角色。

1-3 / 四項指標找出 自己的 定位與優勢

　　俗話說：「沒有三兩三，不敢上梁山。」其實當講師也是一樣，沒有一點本事或能力，也不敢隨意地站上台。所以，能站上台成為人師都一定有值得讓人學習或尊敬的地方，但要如何找到自己的優勢和特色使人認同呢？

　　在我擔任管顧公司總經理期間，每年都會收到數十封希望跟我們合作的講師所寫的自我推薦信，每當我約講師來面談時，一定會問這個問題：「你有哪些特色能讓客戶喜歡或認同你？」或是「你要如何在眾多同類型主題的講師中脫穎而出？」但通常得到的答案都很模糊，許多講師其實也不知道自己的特色和優勢是什麼？以及該如何找到自己的定位和差異化？

　　針對這個問題，我將透過以下四個指標：理論、實務、內斂、外放的解析，讓想成為人師的你，能更清楚找到自己的優勢和定位，上台更有自信地展現出自己獨有的特色，我分別說明如下：

1. 理論

　　「理論」指的是針對講師所分享的內容，是否能有完整的學術理論或是實證研究做支持，而不單只是個人經驗的分享，也就是要讓學員能認同講師所談論的內容是言之有理、師出有名的。

2. 實務

　　「實務」指的是講師所分享的內容，大多是自己實際執行過的具體成就，或是過去所累積的工作歷練及生命體悟，有自己成功的經驗和獨到的見解，能獲得大家的推崇和信服。

3. 內斂

　　「內斂」指的是講師的個性比較穩健冷靜、凡事深思熟慮，表達方式沉穩，不會有太多個人情緒的起伏，講話語調

沉穩，肢體語言較少，重視表達內容的深度。

4. 外放

「外放」指的是講師個性比較直接開朗、做事果斷明快，表達方式活潑，會融入較多的個人情緒，講話語調有高低起伏、抑揚頓挫，肢體語言豐富，能凸顯個人魅力，擅長調動課堂氣氛。

了解以上四個指標的意涵後，接著我運用大家所熟知的四象限圖依序放入這四項指標，圖的橫軸，右邊是「理論」、左邊是「實務」；圖的縱軸，上方是「外放」、下方是「內斂」，如此便可將講師的特色分成以下四種類型的風格（如圖1-3-1），說明如下：

■ 第一種類型：理念型的教士風格

位於第一象限，也就是「理論」＋「外放」。這類型的講師大多是對某些理論模型或學術研究具有高度的認同和信仰，有傳承的使命感，思維敏捷。

這類型的講師表達邏輯清晰，能清楚闡述理論內容，可以提供學員系統性的思維模式和新觀念的啟發，唯課程內容

圖 1 - 3 - 1

大多已獲得理論和實證上的支持，所以講師自身實踐的成功
經驗或實務案例相對較少融入課程內容中。

■ 第二種類型：表演型的藝人風格

位於第二象限，也就是「實務」＋「外放」。這類型講
師的特色是人生閱歷豐富，大多是某個領域的成功人士或是
生命的勇者，能將自己的生命歷練或成功經驗現身說法，個

性開朗，樂於分享，通常具有較強的個人魅力。

　　這類型的講師表達方式生動有趣、唱作俱佳，擅長調動學員的情緒，能夠讓人開懷大笑或是反思痛哭，課程內容大多是個人經驗或生命體悟，較缺乏完整知識系統的整合。

■ 第三種類型：實踐型的導師風格

　　位於第三象限，也就是「實務」＋「內斂」。這類型的講師實務經驗豐富，在職場上有一定的工作歷練，可能是經驗豐富的公司主管或是技術導向的專業人士，能針對實務上學員經常面臨的痛點，提出可落地執行的解決方案。

　　這類型的講師表達方式沉穩內斂，不太會調動學員的情緒，課堂上重視實作和經驗分享，能針對學員提出的問題調整授課內容，課程內容的實操性高，但相對比較缺乏系統性的思維和理論架構的支持。

■ 第四種類型：知識型的學者風格

　　位於第四象限，也就是「理論」＋「內斂」。這類型講師的特色是知識底蘊深厚，專業涵養高，大多已是某個領域的專家或是學術界的老師，分享的內容能掌握趨勢、與時俱進，拓展學員的視野。

這類型的講師表達方式理性沉穩，語調平淡，不會有太多的個人情緒，論述架構完整，能深度解析知識內涵，唯通常實操性較弱，比較無法即學即用。

以上就是我依據四項評量指標大致分類出來的四種典型講師風格，目的是讓講師快速找到自己的定位和優勢。不過，以我多年來身為講師教學教練的角度來看，一位頂尖的講師不應該讓自己受限在這其中的某一類型，而是在分析完自己的優劣勢後，要能從這四類型的講師中取長補短、融合創新。

如同一位頂尖的廚師，能從東、西方不同的料理體系中萃取出各自的精髓，融合創新出自己獨特的料理風格，這類型的講師我稱之為第五類型，也就是「融合型的高手風格」（如圖1-3-2），這正是一位頂尖講師最終要能達到的境界，也是我們為何要深入理解這四項評量指標背後最大的意義。

最後，我想跟大家分享這句話：「把優勢鑄成劍，把劣勢磨成盾。」能擁有獨特的教學風格是一位講師成熟的標誌，這是必須經過長時間積累才能成就。每一類型的講師都有其優劣點，沒有哪一類型的講師比較好，關鍵在於講師能

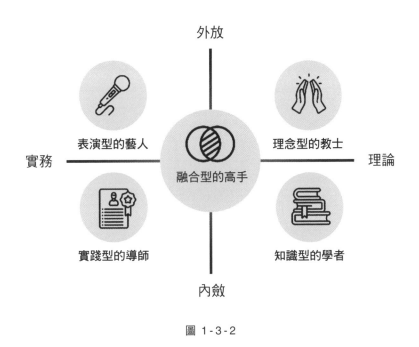

圖 1-3-2

否發揮自己的優勢來滿足學員的需求，達到預期的學習成
效。無論你目前是屬於哪一類型的講師，只要願意持續學
習、教學相長，假以時日必能突破創新，淬煉出屬於自己獨
有的風格，成為一位令人敬重的講師。

第 **2** 章

系統化教學的
道與術

將「特定」變成「通用」，
成為可複製、可學習、可傳承的知識，
這就是經驗萃取的價值。

—— 孟想彥語 ——

　　「有道無術、術可求；有術無道、止於術」，這是我經常和學員分享的一句話，運用在教學上來說，如果你了解教學背後的心法，但教學的技法還不夠純熟，只要透過不斷地努力和學習，仍然可以讓教學的技術到達到一定的水準，甚至可以突破現有的框架，讓技法提升到更高的境界。反之，如果你只學習到教學表面的技術，但不了解這技法背後真正的心法，那麼就只能侷限在這個技術的層次，無法提升到更高的境界了。

　　我所強調教學的「王道」，就是想跟大家分享這個「道」背後真正的意涵，讓大家可以理解一場精彩教學背後的道與術是如何地運用，進一步掌握教學的心法，讓教學的技法可以不再受限，教學的技術也才能靈活多變，達到更好的教學成效。

2-1 / 何謂教學
背後的「道」

　　這裡指的教學的「道」，是一個廣義的概念，泛指的是我們經常在一些哲學、宗教和武術等領域中聽到的「道」、「法」、「術」、「器」這幾個詞彙，其實在教學上也有著同樣的道理，我先說明這四個詞彙各代表的意涵：

一、道：

　　道在中國文化中有多種含義，常用來指「道德」、「道義」和「道理」等概念。它代表著一種正確的、道德的、合乎自然法則的行為準則或生活方式。在某些哲學思想中，道也指向了一種普遍的真理或統一的存在。

二、法：

法通常代表著一套準則、規則或法則，它是對事物運作和行為準則的規定。在宗教和哲學中，法是指宇宙的運行法則、道德法則或靈性法則。在法律領域中，法則是指國家或社會制定的法律或法規等要遵守的規範。

三、術：

術是指某種特定的技術、技藝或技巧。例如：工藝、書法、繪畫、戰鬥技能等都可以被稱為術。它強調實踐和技巧的運用，通常需要經過系統的學習和訓練，才能達到一定的專業水準。

四、器：

器指的是工具、器皿、器械等物品，用於實現特定目的或執行特定任務的器具。它強調的是運用特定工具或設備來完成特定的工作或任務。此外，器也可能是指人的身體或各種器官的功能。

雖然這些詞彙運用在不同的地方可能會有不同的涵義，但總體上可以理解為：

道：道德、道義、真理……等。

法：規則、法則、法律……等。

術：技能、技術、技巧……等。

器：工具、器械、肢體……等。

　　為了讓大家更能理解這四個詞彙的差異，我用練習武術這件事來做一個比喻，假設你要學習一門功夫，那麼道、法、術、器在習武的過程中各代表的意義如下：

　　1. **道**：「道」代表武術的道德和價值觀。它強調武術的目的是修身養性和培養良好的品格。道體現了武術的精神層面，包括尊重、謙虛、忍耐、自律等道德價值的觀念。

　　2. **法**：「法」代表武術的理論和學習的方法。它涉及到武術的基本原理、動作技巧、招式組合、戰術策略等。法是學習武術的基礎，一般常說成「套路」，學習者需要透過不斷的研究和練習來掌握武術訣竅的方法。

　　3. **術**：「術」代表武術的實際應用和實踐的技術。它包括實戰的技術、對抗的技巧和應對不同情況的對戰技術等。術體現了武術在實際應用中所展現出來技巧的熟練度和精準度，強調在實戰時運用的成效和重要性。

　　4. **器**：「器」代表武術的訓練工具和裝備。它包括武器和非武器的訓練工具，如劍、刀、棍、拳套、器械等。器的選擇和使用與武術的特點和風格有密切關係，有時身體器官

也是器的一環，合適的器可以更好地被使用和發揮武術的技巧和效果。

藉由以上的比喻和分析，相信各位應該更能理解這其中的意涵和差異了。那麼講師應該如何掌握和運用這四個不同層次的理念在教學上呢？我說明如下：

1. 道：「道」是指講師的教學的理念和價值觀。包括教學的使命和核心價值，指引講師在教學中前進的方向。「道」強調教學的宗旨和意義，目的在啟發思維、激發創造力、培養人文素養或價值理念等。

2. 法：「法」是指講師的教學策略和方法的設計。包括教學流程、課堂管理、活動設計、學習資源和評估方式等。「法」是基於課程類型、學員需求和教學目標等因素，由講師運用教學策略和適當的教學設計，以確保有效達成教學成效與學習目標。

3. 術：「術」是指講師的教學技術和技能的展現。這包括講師在課堂上的教學技巧、引導能力、互動技巧和問題解決能力等。「術」是講師在實際教學活動中執行教學策略和操作教學方法的精熟程度，用以提升學員的參與度和確保學

習成果的產出。

4. 器：「器」是指講師教學時所使用的道具、器材或其他教學資源。這包括教學的工具、講義教材、多媒體技術、網絡資源或身體器官等。「器」的選擇和運用是講師根據教學需要、學習環境或評估，做適當的資源提供和支持，藉以提升整體的學習效率及效果。

　　我舉一個經常講授的主題：「顧客抱怨處理技巧」，來說明「道」、「法」、「術」、「器」是如何運用在這個課程中，分享如下：

1. 道：就是這主題的核心理念，要讓學員在面對客訴時有正確的心態，能理解顧客抱怨不全然是無理的，反而是給公司一個改進和提升機會，更可能因此創造出商機，所以換個角度來看，客訴其實也是一種禮物。

2. 法：就是講師需要教導學員在面對不同顧客、不同客訴問題時的處理步驟和方法，同時能融入適當的教學設計，運用不同的教學方法如分組討論、角色扮演或個案研討等方式，讓學員能理解客訴問題的處理和應對方式。

3. 術：就是講師要能落實執行教學策略和各種教學方法的帶領技巧，如精準的引導技巧、即時的反饋技巧和熟練各種教學方法的操作技巧，讓學員能更積極地參與和投入課程活動中，確保熟練各類客訴問題的應對話術和處理技巧。

4. 器：就是講師可以運用教學資源來輔助課程活動的進行，如將客訴處理步驟製作成圖卡讓學員排列練習；在小卡寫上客訴問題讓學員抽題練習；引用客訴情境影片來帶領學員討論，或是運用積分競賽來激發學員的參與度，也可用便利貼等教具來收斂學習成果等，這些都是為了讓學員的學習更專注、更有效率所使用的「器」。

從以上的說明可知，「道」代表教學的理念和價值觀，「法」代表教學的策略和設計，「術」代表教學的能力和技巧，「器」代表教學的工具和資源，這四個元素共同構成了廣義教學的「道」與「術」，能夠幫助講師實現有效的教學和促進學員有效的學習，進而達成培訓的目標。

2-2 / 系統化教學的構成與運用

　　在說明系統化教學前，我想先分享這句話：「經驗，能讓我們更快地解決問題；知識，帶給我們更多的思考方式。」以我多年來的觀察，目前大多數講師的授課方式都是依據自己的經驗摸索出來，或是模仿其他講師的某些授課技巧。這樣也不是不好，但這終歸還是來自所謂的「經驗」，靠經驗也確實能處理和解決一些問題，但如果講師能更理解教學背後的「知識」，相信一定可以啟發自己更多的想法，變化出更多解決問題的授課技巧。

　　繼上一個單元談到了教學的「道」與「術」要如何地理解和運用後，接下來我將詳細地說明關於教學的知識，讓講師在使用教學技術時，能知其然、也能知其所以然，而不受

制於自身經驗的侷限性，能更進一步理解一場精彩有效的教學背後究竟是由哪些元素所構成，也就是我所強調的「系統化教學」。

在開始說明「系統化教學」前，必須先讓大家理解「系統」和「系統化」的意涵，以及「簡單系統」和「複雜系統」的差異，如果教學也被視為是一種系統，那講師該如何理解這系統的運作方式？如何操作這系統以達成教學目標？這就顯得非常重要了，以下我將逐一跟大家說明：

一、「系統」和「系統化」的意涵

「系統」是指一個有組織、有連貫性且相互作用的部件或元素所組成的整體，這些部件或元素之間有一定的關係和相互作用，從而實現一定的功能或目標。

例如，在計算機科學中，系統通常是指由軟體、硬體和人員等多個元素組成的整體，這些元素之間有明確的界限和職責，通過協同作業實現某個特定的功能或目標，如：操作系統、電力系統、網路系統等都是。系統在不同的領域和場景中有著廣泛的應用，例如：管理學中的企業管理系統、工

業自動化中的控制系統、生態學中的生態系統等。簡單來說，系統就是由多個元素有組織地結合在一起，形成一個整體，以實現特定的目標或功能。

那麼什麼是「系統化」呢？是指把一個複雜的問題或事物分解成有組織、有層次和有規律的組成部分或流程，以便能更好地理解、管理和控制。透過系統化的方法，可以將複雜的問題或事物拆分成獨立且易於理解的部分，並通過相互作用、反饋和控制等方式將這些部分整合在一起，形成一個完整的系統。系統化的方法通常包括分析、設計、實施和監控等步驟，可以應用在諸如管理、工程、科學、技術等不同領域。

二、「簡單系統」和「複雜系統」的差異

理解了「系統」和「系統化」的意義後，我們還必須進一步說明「簡單系統」和「複雜系統」這兩個系統的差別。「簡單系統」是由少量元素組成的系統，其行為和結果通常比較容易預測和解釋。簡單系統的元素之間的關係可能是線性、定常、均質的，而且一般不具備適應性和自組織行為。

例如，自行車的齒輪運轉系統、電燈泡的電路系統或倒車雷達的感應系統等都是簡單系統的例子。

相較之下，「複雜系統」是由大量相互作用的元素組成的系統，其行為和結果往往難以通過單個組件的行為來預測和解釋。這些元素之間的關係可能是非線性、非定常、非均質的，而且有可能存在適應性和自組織行為。複雜系統的特點是具有多樣性、不確定性、動態性和混沌性。例如，金融市場系統、生物生態系統、全球氣候系統和人的生理系統等都是複雜系統的例子。

簡單系統和複雜系統都有其自身的特點和應用場景，但很多時候兩者之間並沒有絕對的界限，有些系統可能處於簡單和複雜系統之間的狀態，雖然具有一定的複雜性，但相對較可預測和可管理。因為很多系統都有一定的複雜度，能夠了解系統的複雜程度和特點，便可以進一步幫助我們更好地理解和設計系統，從而實現更好的效果和目標。

三、系統化教學的意涵

在理解了「系統」、「系統化」、「簡單系統」和「複

雜系統」這幾個重要的概念後，我們就要來談何謂「系統化教學」？基於以上的說明，那麼教學是否可以被看待成是一個系統呢？是屬於簡單系統？還是複雜系統呢？我想答案應該很清楚了。教學確實可以被看待成是一個系統，因為教學也是一個有組織、有連貫性，由相互作用的元素所組成的整體，這些元素之間有一定的關係和相互作用，以達成最終的教學目標，而且教學的結果往往難以通過單個組件的行為來預測和解釋，所以教學可說是一個複雜系統。

因此，我們可以這麼理解，教學系統的目標是幫助學員獲得知識和技能，並培養他們的思維和解決問題的能力，為實現這個目標，教學系統需要有組織地結合多個元素，有步驟地執行流程，如設計課程內容、選擇教學方法、提供教學資源和建立評估機制等。因為在教學系統中有多個元素相互作用，它們彼此之間有明確的職責，例如：講師負責傳授知識和技能，學員負責吸收和學習；課程提供學習內容；教學資源提供多樣的支持；教學方法實現教學目標；評估機制掌控學習成效等，這些元素間存在著多樣性、不確定性和動態性的特點，彼此獨立但又相互影響，透過這些元素間的協同作用，最終都為了實現特定的教學目標，這就是系統化教學構成的內涵。

四、三大構成模組與運作要領

　　為了能更精確地管理和控制系統化教學的運作模式，我
們就需要理解「系統化教學」這個動態性的複雜系統是如何
組成的？所以我將教學系統的構成進一步拆分成以下這三個
系統模組和各個運作的元素（如圖2-2-1），說明如下：

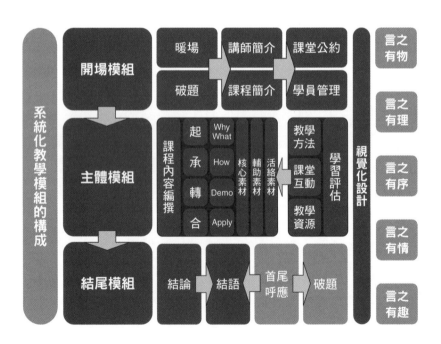

圖 2-2-1

1. 開場模組：

　　這是系統化教學構成的第一個模組，這個模組包含：暖場、破題、講師簡介、課程簡介、課堂公約和學員管理等六個元素，這些元素彼此獨立，但又相互影響，透過每個元素間的協同合作，達到引人入勝的開場目的。

2. 主體模組：

　　這是系統化教學構成的第二個模組，這個模組是課程內容的主體，主要是由核心素材、輔助素材和活絡素材所組成，透過起、承、轉、合四階段完成課程內容的編撰，同時透過教學方法、課堂互動、教學資源和學習評估這四個元素的設計，讓課程內容不只有含金量高，更能吸引學員持續地專注，達到預期的學習成效。

3. 結尾模組：

　　這是系統化教學構成的第三個模組，這個模組包含了結論和結語兩個元素，透過兩者的連結為課程做一個完美的收斂。若是結語能進一步和開場的破題元素做連結，更能達到首尾呼應、令人印象深刻的收結效果。

除了這三個模組的構成外，為了要讓整體的教學內容，更能吸引學員的目光，最後仍需加入視覺化設計這元素的輔助，讓教學重點更容易被理解和吸收。最後，透過講師運用五大有「言值」的教學表達技巧，便能讓整個系統化教學達到好記、有效又有趣的訓練成效。

以上這三個模組內涵的所有元素，我都將在後續的單元中逐一做詳細的說明和示範。現階段我們需要先理解的是教學這個複雜的系統其實是由有組織、有層次的多個模組所構成的，這將有助於講師理解教學所內涵的元素，以及如何控制各個元素的成效，這就是理解系統化教學最重要的意義。

總結來說，系統化教學是指經過系統性的規劃而進行的教學方式，將教學程序和課程內容分解成可以被管理和被評估的模塊，進而組織和控制教學所需的相關元素，讓講師在清晰的教學目標下，運用教學方法、設計課堂活動，在適當的教學資源和評量機制的配合下，更有系統地和有效率地引導學習活動，提高講師的教學成效和學員的學習成果。

第 **3** 章

引人入勝的
開場設計

學習是一個「發現」的旅程，
指導學員學習「如何學習」，遠比「學習」更重要。

——孟想彥語——

俗話說：「好的開始是成功的一半。」教學也是一樣，不論你為這個課程準備了多少豐富的內容，千萬不要輕忽這簡短開場的重要性，因為這將為整個課程定調，更會影響學員對接下來的課程和講師的期待。

在說明開場的設計前，我想先請各位思考一個問題，前面談到的系統化教學模組中，開場又可拆分為「暖場」和「破題」，那麼兩者間又有何不同呢？相信許多人都搞不清楚，甚至認為兩者是一樣的。其實這兩者的目的可是大不相同。

從字意上來看，大概就可以解讀出來了。「暖場」就是要把課堂的場子暖起來的意思，也有人稱之為「破冰」，其主要目的是塑造課堂的學習氛圍，讓教學現場熱起來，讓學員能停下手邊工作，把心思和注意力集中到課堂上。而「破題」，從字意上來說，就是揭露出上課的主題，主要目的是激發學員的學習動機，強調這個課程的價值和重要性，以及能帶給學員的幫助，讓學員對接下來的課程內容產生期待和興趣，提高學習的意願。

3-1 / 開場的四大目的

　　前面談到的系統化教學的構成中，開場模組除了「暖場」和「破題」外，其實還包含了講師簡介、課程簡介、課堂公約和學員管理的技巧，這些都是開場必須涵蓋的內容，這些設計無非都是為了達成這開場的四大目的，讓學員可以安心進入聆聽的狀態，說明如下：

一、拉近距離、緩和氣氛

　　這是課程開場必須要先達成的第一個目的，也就是前面所提到的「暖場」。指的是講師在正式進入課程內容前，可藉由分享一些有趣的素材或是帶領一些簡單的活動來吸引學

員的關注，讓學員的注意力慢慢地集中到課堂和講師身上。其實，這個部分只要懂得運用「暖場」的技巧便可以輕鬆達成。

關於暖場有很多種不同方式，還可細分為暖腦、暖聲、暖身或暖心等不同的設計，我分享自己經常使用且效果也非常好的設計，就是運用猜謎的方式來和學員互動，無論是猜數字、猜地名或是腦筋急轉彎，都可以設計出有趣的題目，也都能帶來不錯的效果。

不過，要特別提醒的是，在設計暖場題目時，一定要掌握一個原則，就是題目要簡單易答，如果題目太難，學員想了許久無回應，這樣反而一開場就可能直接成了冷場，而且無論是答案或活動一定要好玩有趣，這樣才能激起學員參與的興趣，開始前為課堂塑造一個輕鬆愉快的學習氣氛。

二、引發興趣、取得關注

這是課程開場要達成的第二個目的，也就是剛剛所提到的「破題」。指的是講師在開始談論課程內容前，可以運用各種「破題」技巧來強調課程的重要性，以及可以為學員帶來的好處，藉此引發學員的興趣，讓學員能重視這個課程，

願意專注地開始學習。

　　關於「破題」的設計和運用技巧，下一個章節會有更詳細的說明，講師可以根據課程的屬性來設計合宜的破題方式，無論是時事的引入、數據的呈現或是提問的設計，只要懂得靈活運用，都能快速激發學員的興趣和好奇心，提升學員的學習意願。

三、建立專業、取得信賴

　　這個目的是要建立講師的專業信賴感，是在開場中非常重要的環節，但許多講師都誤解了自我介紹背後真正的意義，誤以為自我介紹是浪費時間，反而會帶來反效果，這都是因為運用不當所造成的結果，這部分在後續的章節會有更詳細的說明。我先簡單的說，講師自我介紹的目的是要讓學員知道今天為什麼是我來講課？重點是在「Why」，而不是說明「Who」，自己介紹一些和課程無關的背景和經歷。

　　講師如果可以透過有目的和結構性的自我介紹，說明自己有何資格能站在這裡？專長和特色是什麼？能給大家哪些幫助？便能快速建立自己在學員心中的專業信賴感，學員必將會對講師後續的授課內容有所期待。

四、簡述內容、預告收益

　　講師在開場時，若能順利達成前面三個目的，相信學員一定會迫不及待想了解這個課程究竟可以學到什麼？接著講師就必須進行開場的最後一個目的，也就是透過課程簡介，讓學員瞭解可以學習到哪些內容？能為他們帶來哪些好處？

　　講師可以透過課程目標的說明來預告課程會帶來的收穫，再經由簡述課程大綱來介紹課程大致的內容，讓學員能初步地理解和掌握接下來的課程內容和進行方式。在清楚地做完課程導覽後，便可以讓學員安心專注地投入後續的課程活動中。

　　以上就是塑造一個引人入勝的開場必須要達成的四大目的，講師如果可以深度地理解這背後的意涵，靈活運用相關技巧，便能快速地和學員達成學習共識，為接下來的授課旅程取得一個絕佳的起點。

3-2 / 快、精、準 的六種破題設計

　　「萬事起頭難」，開場時想要用三言兩語瞬間抓住學員的心，絕非易事，但若一開始就不能贏得學員的興趣和好奇，後續將更難激發學員想投入課程的意願。因此，如何創造出新穎、獨特或饒富奇趣的開場來拉近和學員的距離，引發學員的關注，開啟學員的心靈之門，考驗的就是講師破題的功力了。

　　依據我觀察超過上百位講師的破題方式，林林總總加起來，至少也有超過十種以上的破題技巧，但其實這些都只是不同技法的展現而已，在此我將破題的方式整理歸納成以下六種類型，讓各位能快速掌握背後的心法，便能靈活地運用自如，說明如下：

一、時事話題法

　　講師引用當前最熱門的時事或是話題做為破題的素材，這種方式可以快速引起學員的共鳴，因為時事是大家都會關注的焦點，容易有共同的話題。同時，講師運用時事來破題，更能讓學員覺得講師教學內容與時俱進、有新鮮感。不過，要特別提醒的是，既然是時事就要注意這題材是否還在「保鮮期」內。這裡要特別強調的是，就算已經是過去的新聞，但卻是在該領域很具代表性的新聞，那麼這樣的時事就可以當作經典案例來處理，同樣能夠引起大家的關注，這樣就不用太在意是否還在「保鮮期」的問題了。

　　我舉幾個運用的實例讓大家參考。假設你談的是關於AI人工智能的發展與應用，便可以引用近期許多權威媒體和研究機構的報導，例如：最容易被AI取代的十項工作，這類報導就很適合做為破題。假設談的是關於環保的議題，可以引用地球暖化對極端氣候的影響的相關報導，或是海洋垃圾污染對動物所造成的傷害等，這些都是大家日常所關心的話題，自然能快速吸引學員的目光和注意力。

二、巧設問題法

指的是講師運用提問問題的方式來破題。那麼何謂「巧」設問題呢？這個「巧」字指的是，問題的設計要能巧妙地抓住學員的思緒，引發學員的好奇，也就是這個問題的答案最好是超乎學員的預期，讓他們有驚訝或驚喜的感覺，講師再從問題的答案引導出課程主題的重要性。

不過，使用這個方法時，要特別注意問題設計的方向和難易度，題目一定要和課程內容有連結，而且難度不宜太高，答案要能簡單易答。若題目設計不當或是答案難度太高，反而會弄巧成拙，出現無人回應的冷場尷尬情況。

我分享幾個案例讓大家參考。例如：你知道別人在幾秒內就決定對你的第一印象？你知道什麼星座的人最適合當客服？你知道為什麼飛機上的窗戶是圓的而不是方的？這些問題的答案是不是會讓你感到好奇？講師在公佈答案後再巧妙地引導進入課程要分享的內容，學員自然就會專注聆聽了。

三、引用數據法

大家一定聽過「數字會說話」這句話，因為數據通常具

有一定的代表性與公信力，講師可以運用這個特點進行破題，也就是引用和主題相關的數字或證據來證明這個主題的重要性，取得學員的認同和重視。

要特別提醒的是，講師所引用的數據一定要是目前可取得的最新資訊，尤其是和政經情勢或科技發展相關的主題。此外，所引用的資料來源絕對不能是從網路上道聽塗說來的，一定要求證是來自具有公信力的單位，這樣才不會誤導聽眾，也才具有說服力。

舉例來說，如果談的是缺工問題，可以說依據內政部公佈最新數據，二〇二二年新生兒不到十四萬人，台灣出生率再創新低，凸顯未來勞動力將更嚴重不足的隱憂。談投資理財的相關議題，可以說依據元大投信的分析，在美國持續升息的影響下，投資等級的債券出現近十年來的甜蜜價，可以說是鎖定長期優質債券的最佳的投資時機。

四、故事典故法

無論是小孩還是成人，大家都喜歡聽故事，講師也可藉由說故事的方式切入課程主題，這是非常具有吸引力的方式，我建議收集故事的題材可以分成三種類型：

1. 過去曾經發生過的事或是歷史故事

　　這類型故事的好處是可以讓學員鑑往知來，理解到這個主題的重要性。

2. 自己曾親身經歷和主題相關的事

　　這是自己談起來最有情感和體悟的，也能讓學員真實體會到這主題的價值。

3. 引用富有哲理的寓言故事

　　藉由故事所帶來的啟發引入主題，這種寓意方式會讓學員覺得有趣又容易理解。

　　只要運用得宜，這三種類型的故事都可以達到快速調動學員情緒，讓學員專注的效果。

　　那麼，何謂典故法呢？就是運用追溯歷史典故或是字源的方式，把生硬的主題變得饒富奇趣，讓學員增長見聞，提升學習樂趣，這也是能快速引發學員興趣和關注的方法。

　　舉例來說，保險業的講師在談保險相關主題時，可以先問大家，全世界第一張保單是如何被發明的呢？透過這個歷史典故來談保險的觀念，這樣是不是變得更有趣了呢？或是用說文解字的拆解方式也是很有意思的方法，例如：何謂「生意人」？生＝陌生，意＝滿意，把陌生的顧客服務到滿

意，就是生意人的本意，這樣是不是也很有趣呢？

五、名言金句法

　　講師直接引用名人的話或是歷史上的經典語錄來破題，不但可以強而有力地為主題做出烘托，更能快速提煉出課程想傳達的核心理念。因為名人一定是在某領域具有代表性或權威性，而名言都是經過生活或工作體悟所淬煉出來的人生智慧，名人肯定也都有一定的追隨者，因此講師運用名言金句將更容易獲得學員的共鳴和認同。

　　不過，這裡要提醒的是，所謂的「名人」就是很多人都認識的人，所以不要選擇雖然德高望重，但僅有少數人才知道的名人，我經常看講師運用名言來破題，但說這句話的人是誰，其實沒有人知道，這樣就難以發揮說服的效果了。

　　舉例來說，如果是談投資，講師可以引用巴菲特說的這句話：「人生就像滾雪球，投資說穿了，就是做好三件事。」這樣是不是讓你迫不及待想知道到底是哪三件事呢？分享另一個上管理課程時，我經常引用馬雲說的這句話：「員工離職的原因林林總總，只有兩點最真實，一是：錢沒給到位，二是：心委屈了。」接著我就會引出身為主管要如

何避免這兩件事發生呢？這就是接下來的課程要談的重點，這樣的破題是不是更有說服力呢？

六、道具比喻法

　　講師談一些比較艱深難懂的技術，或是觀念性的主題，往往不知如何讓學員快速理解、引發他們的興趣，這時便可以藉由教具或實品的展示，透過示範或類比的方式，引導學員從已知的熟悉事物來理解較不熟悉的未知內容，降低學員抗拒的心態，吸引學員的關注。

　　我舉一個談時間管理的經典破題方式，講師在開場時拿出一張紙條告訴學員，這紙條的長度代表一～一百歲，然後將紙條撕掉第一段時說：「這是你已經度過的歲月。」接著再撕掉第二段時說：「這是你已經死亡或走不動的未來。」此時這張紙條已經變得很短了，然後講師再撕掉三分之一時說：「這是你花在睡覺的時間。」最後這張紙條只剩下小小一段，這時講師說：「你們覺得人生還有很多時間可以浪費嗎？」這就是用道具比喻的方式來強調時間管理的重要性，是不是很令人印象深刻呢？

　　以上就是我歸納整理出破題最實用的六種類型，如果能充分理解每種類型背後的真正意涵，掌握其中運用的訣竅，破題時便可以靈活進行各種不同技巧的組合，變化出各種令人驚艷的破題方式，而不受限於只使用其中一種方法。我就經常使用「時事法＋數據法」或是「巧設問題法＋數據法」的方式來破題，都能創造出令人驚喜又有趣的效果。

　　最後，我要提醒的是，這畢竟還只是在開場的階段，不宜佔用課程太多時間，所以講師必須掌握「快、精、準」這三個要訣，也就是破題的速度要「快」，時間不宜太長，所選用的素材也要「精」煉內容，同時一定要「準」確地和主題內容有所連結，才能順利地為接下來的課程內容搭梯架橋，達到引人入勝的效果。

3-3 / 專業不浮誇的講師簡介

　　許多講師都會有這樣的疑問，上課前該不該做自我介紹？會有這樣的疑問，大多數是因為自己曾聽過其他講師在上課前做的自我介紹，不但無法吸引學員的關注，反而讓人覺得很反感，是吧？

　　其實也正是這個原因，導致許多講師對上課前是否要做自我介紹產生質疑，總覺得自我介紹好像只是在吹捧自己，對學員完全沒有幫助，尤其是內部講師面對自己的同仁更會覺得尷尬和不好意思，之所以會有這樣的想法，是完全沒有認知到講師在上課前做自我介紹的價值和重要性。

　　我常開玩笑地說，講師不做自我介紹，唯一好處就是萬一課程上不好，大家也不會知道你是誰？其實講師在上

課前做自我介紹真正的用意是要強調「Why」，而不是「Who」，也就是講師要強調「為什麼」是我來幫大家上課，而不是介紹「我是誰」。

講師若沒能在第一時間讓聽眾對自己的資歷有初步的認識，取得聽眾的好感和信賴，那麼他們心中就會一直存在著疑惑，不清楚講師能帶給他們什麼好處？如此便無法靜下心來聆聽，或是對接下來的課程產生期待。

那麼，講師要如何自我介紹才能展現出對聽眾的價值，不會讓人覺得只是在吹捧自己過去的「豐功偉業」，或是將自己「神格化」，讓聽眾覺得反感、造成反效果呢？首先，講師一定要清楚自我介紹的目的為何？其實自我介紹主要是達成以下這兩個目的：

一、展現親和力，拉近和聽眾的距離

講師可以透過一個微笑的表情、眼神的接觸，展現出自信和熱情，上課前也可以先接觸幾位聽眾問候式的聊一下，用誠懇的態度讓聽眾感受到你是一個樂於分享的人，是願意跟他們一起學習成長的，而不是將自己塑造成「神人」般的高高在上，自我感覺良好，讓人難以接近，這樣聽眾也會抱持著「看戲」的心態，難以快速融入學習氣氛中。

二、建立信賴感，創造聽眾的期待

如同前面提到的重要觀念，自我介紹的重點不是要介紹自己是誰？而是要談為什麼是我能站在這裡？讓聽眾對你的專業產生信賴感。因此，自我介紹的內容一定要和授課的主題做連結，讓聽眾肯定你在這個領域的歷練或成就，讓他們認同你是有資格站在這裡跟他們分享的，是能夠協助他們，幫他們解決問題為他們帶來成長，這樣聽眾也才會對接下來要談的內容有所期待。

那麼講師該怎麼做才能達成上述這兩個目的，做到專業又不浮誇的自我介紹呢？接著，我將依據多年的經驗，歸納出以下這兩個關鍵技巧，說明如下：

關鍵技巧一：「內」、「外」兼修，取得認同

講師可以透過分享自己的內在動能和外在修煉，讓聽眾快速了解你的教學理念和專業歷練，取得聽眾的信賴，分述如下：

1.「內在」動能

指的是講師的內在特質，講師可以透過分享自己的人生
歷練來帶出自己的內在特質，如：個性、綽號和人生體悟
等，也可以分享自己的興趣、特殊專長和認識你的好處等，
這些都能獲得聽眾的共鳴或好奇，快速拉近和聽眾的距離。

此外，上過我課程的學員都知道，我非常鼓勵講師能有
一個屬於自己的「座右銘」，因為透過座右銘的分享，能讓
聽眾快速了解自己的人生觀、工作觀或價值觀，座右銘也可
以巧妙地和教學主題做呼應和連結，強調自己對某些理念的
認同和堅持，這都將有助於提升聽眾對講師的認同度。

2.「外在」修煉

指的是講師的外在經歷、榮譽和成就，也就是講師的職
場歷練和工作成就，包含曾待過的產業、擔任過的職位、執
行過的專案及曾獲得的榮譽和特殊成就等，也可以展示和課
程主題相關的學歷、著作或相關證照等，這些外在的修煉都
能提升聽眾對講師的專業信賴感。

不過，要特別提醒的是，講師所臚列的重點一定要和授
課內容相關才有意義，介紹時也要點到為止就可以了，不宜
長篇大論，若真的和課程內容有高度連結又需要好好說明的

經歷，建議可以在講授到相關內容時再補充說明，否則會讓聽眾覺得講師只是在炫耀自己過往的豐功偉業，聽不出跟他們的期待有何關聯，反而會導致反效果。

關鍵技巧二：「三點」全露，創造期待

　　所謂的「三點」就是運用「昨日」、「今日」和「明日」這三個時間點的連結來創造聽眾對接下來課程的期待，也就是在講師的專業在取得聽眾的信任後，就可以運用「明日」、「昨日」和「今日」這三個時間點依序介紹接下來的課程能帶給聽眾的價值，創造聽眾的期待，介紹步驟如下：

步驟1. 先談「明日」

　　講師可以強調這個課程可以帶給聽眾未來有什麼好處？可以解決未來哪些問題？或是協助聽眾達成未來的哪些目標？也就是講師要說明課程效益、課程目標和簡述課程大綱，你可以這樣說：「這個課程可以讓你快速掌握客訴處理的技巧，往後面對客戶提出的種種問題，都可以化危機為轉機，再也不用擔心面對難搞的客戶了。為了達成這目標，我將這課程分成以下幾個單元跟大家說明。」

步驟2. 再談「昨日」

接著，講師可以說明自己過去講授這個課程的成功經驗，提出自己是如何達成這些目標的證明，讓聽眾對講師更有信心。你可以這樣說：「這個課程到目前已經超過一萬二千名業務人員上過了，更是各大金控公司的理財專員每年必修的課程，上過課的學員業績都能成長20%以上，課後的滿意度也幾乎是滿分呢。」

步驟3. 再談「今日」

最後，講師可以提出希望聽眾現在需要配合採取的行動，也就是為了讓大家能更專注、更有效率地學習，等會需要聽眾配合的事項，藉此來培養彼此在課堂上的互動默契。你可以這樣說：「今天希望大家都能專注投入、認真學習，互相尊重、不耽誤別人的時間，有問題也歡迎隨時提出來討論，這課程保證能讓你不虛此行，有滿滿的收穫。」

以上就是講師自我介紹的說明和實施的步驟，講師若能在正式進入課程內容前，做一個精簡、專業又有力的自我介紹，必能提升聽眾對於講師的專業信賴感，再透過課程效益的說明，便能讓聽眾對接下來的課程充滿期待。

　　當然，我也相信一位講師如果課程上得非常好，即便一開始沒有做自我介紹，課後學員也一定會認同和信賴這位講師，然後去詢問關於這位講師的相關資訊。但這差別在於，若學員一開始不清楚講師的背景和資歷，當講師在授課過程中分享自己的經驗和案例時，學員便無法在第一時間做連結和理解，如此便會少了一點共鳴的默契，實屬可惜。

3-4 / 課堂管理目的 和操作要領

　　課堂管理包含了課堂公約和學員管理，乍看之下，這和講師的教學內容似乎沒有太大的關係，但其實兩者間有著密不可分的關聯性。課堂管理是指講師在教學過程中，能有效地組織、引導和管理課堂活動的進行，以確保學習環境的秩序、學習效率和學習成果的達成。

　　講師必須要能事先做好課堂管理的各項準備，同時熟練各環節的操作技巧，才能在課程一開始時快速地調動課堂氣氛，讓學員進入學習的狀態，同時確保教學活動得以順利地進行，達到講師所預期的學習效果。

　　所以，針對課堂管理的目的、準備事項和操作要領，我說明如下：

一、 課堂管理的目的

1. 創建課堂的秩序和紀律

　　有效的課堂管理可以建立良好的秩序和紀律，確保學員在安全自在、支持有序的環境中學習。這將有助於減少干擾因素和集中學員的注意力，讓學員能夠更專注於課堂中。

2. 提高講師的教學效率

　　良好的課堂管理可以提高講師的教學效率，讓講師能夠更有效率地組織課程內容和教學活動。這將有助於講師合理的安排時間，充分利用教學資源，提供給學員一個充實又有組織的學習體驗。

3. 增強學員的學習動機

　　透過適當的課堂管理，講師可以激發學員的學習動機和興趣，營造一個開放、互動和支持的學習環境，鼓勵學員主動學習、樂於分享，激發學員對學習的熱情與積極的態度。

4. 培養學員的自律和責任感

　　有效的課堂管理可以提升學員的自律性和責任感，透過

明確的課堂行為規範和紀律要求，讓學員做好自我管理並認同團隊合作的重要性，激發學員主動參與合作，能夠為了團隊的榮譽，更積極地投入課程中。

5. 建立良好的師生默契

課堂管理將有助於建立師生間的默契，透過課堂相關規則的建立，講師和學員可以建立互信、尊重和理解的關係，為接下來的課程進行取得共識，並營造開放、合作的學習氛圍，能夠促使學員更積極地參與課程，激發主動學習的意願。

二、課前相關資訊的收集

要建立一個良好的課堂管理規範，講師在上課前必須事先掌握課程的相關資訊，包含學員情況和場地狀況，才能規劃和設計課堂管理的規則，創造良好的互動效果。我將課前講師必須掌握的資訊分成：人、事、時、地、物五大面向來做說明。

1. 人

指的是參與學員的人數、年齡、部門、年資、位階和男

女比例⋯⋯等，尤其課程中若有較特殊的人員或是關鍵人物
參與時，講師都必須要特別地關注，事先做好安排和謹慎的
應對。

2. 事

指的是這課程有沒有做好？也就是課程是否能達成學習
目標？是否有滿足學員對課程的期待？所以講師必須事先清
楚地理解和掌握學員的需求，也才能做好相對應的教學策略
和教學活動的規劃。

3. 時

指的是課程的時間規劃，包含課程的起訖時間、休息時
間、點心時間和是否預留Q&A、測驗或問卷調查的時間⋯⋯
等，以便講師做好整體課程時間的安排與教學進度的控制。

4. 地

指的是上課場地的空間大小、燈光、溫度、影音設備、
桌椅排列、動線的安排和四周環境是否有干擾⋯⋯等，這些
對學員上課的專注度和講師教學氣氛的掌控及課程活動的進
行，都是重要的影響因素。

5. 物

指的是課程的講義、輔助教材、海報架、活動道具或小禮物的準備……等，這些都必須事先做好準備和擺設安排，這是講師進行課程活動的操作和激發學員參與度不可或缺的重要元素。

三、 課堂管理的操作要領

1. 創建良好的學習環境

講師上課前一定要提早到教室做學習環境的確認，確保教室的環境是整潔、舒適的。如教室的燈光、溫度、麥克風和視聽設備的確認等，尤其是桌椅的排列方式、間距和動線是否符合教學活動的進行，更是要特別地注意。

同時，講師也可以進一步善用教學資源將教室進行相關的佈置。例如：桌牌、名牌、講義和教具都可以事先擺放整齊，增加專業的儀式感，教室牆面可以張貼課程活動要用的大海報，或是使用張貼培訓標語來點綴，營造出專業、活潑、開放的學習氛圍，讓學員一進教室就對這堂課充滿好奇和期待。

2. 規劃課堂的組數與人數

　　為了確保課程進行時，學員能主動和講師互動，以及學員彼此間願意相互分享及合作，若場地的條件允許的話，建議先將學員進行分組，儘量不要是排排坐的狀況。根據我多年來的觀察和實證的結果，無論學員人數的多寡，學員有進行分組的學習效果，一定比沒有分組的效果佳。

　　若是要分組，那麼將學員分成幾組是最適當的呢？這也是我經常被講師們請教的問題，其實這並沒有一定的標準答案，不過就我多年來的操作心得，我建議組數和人數的規劃如下：

❶ 組數的規劃：

　　這雖然沒有標準答案，在假設場地的空間是允許的條件下，我建議組數的規劃儘量不要超過六組，這是我認為一位講師能夠充份掌控課堂氣氛的前提下，可以操作的最多組數了，因為講師無論是在課堂上提問、互動或是進行小組分享時，這都需要花費一些時間，一旦組數太多的話就會在這部分消耗掉過多的時間，將直接影響到教學的品質和進度。

　　那麼，是否有最低組數的限制呢？我建議組數最少也不要低於三組，因為若現場只有二個小組的話，操作起來就會

少了點競賽的學習氛圍。若人數少於十二人的話,建議可以考慮將座位排成ㄇ字型,就坐後讓三人成一小組,同樣可以操作成有小組競賽的氛圍。

當然,講師也有可能面臨學員人數過多,組數不得不超過六組的狀況,其實我也經常面臨這樣的情況,但根據這麼多年來的經驗,只要現場的組數越多,培訓的效果通常就更不易掌握,一旦面臨這樣的狀況,講師的控場的節奏就必須要更明快,在時間的掌控上也必須要更精準。

但若面對人數超過百人,基本上我就不建議進行平均分組了,除非是要進行團隊建設的課程,若是一般性質的課程,我建議比照人數太少的狀況,講師可以改用「化零為整」的方式,改以鄰近的三～五人為一小組,運用多組競賽的方式進行互動,這樣反而會是效果比較好的一種做法。

❷ 人數的規劃:

清楚了組數規劃的原則後,那麼每一小組的人數要安排幾位最恰當呢?這同樣沒有標準答案,我的建議是每一組的人數最多不要超過六人,最少也不低於四人,因為這樣的人數配置,學員彼此間的互動和交流的機會比較多,若人數太多容易造成人多嘴雜,討論時間拉太長,也可能有人因此被

冷落。相反的，若小組人數過少，則無法達到彼此多元意見交流的目的。

　　此外，小組成員的組成方式也是影響學習氛圍很重要的關鍵因素，誠如之前所提到，講師事前一定要先了解參與課程的學員背景，以便能事先做好分組人員的規劃。一般來說，分組時要盡量把不同單位的同仁做混合編組，因為若小組成員都是已熟識或是同單位的人，討論時就比較沒有火花，容易偏向一言堂式的發言，較難有多元觀點和意見交流的機會。

3. 建立課堂規則和獎勵機制

　　講師在正式進入教學內容前，必須要向學員說明課堂的進行規則來建立師生默契，我通常稱之為「課堂公約」，包括：行為的準則、發言的規則、互動的方式、課堂競賽規則和獎勵方式等，透過團隊的約束力，建立大家共同遵守的規則，這將有助於提醒學員對自己的行為負責，也會增強小組成員間的榮譽感。

　　我分享一個提升團隊默契常用的小方法，講師可以規定在每堂課休息時間結束時，若小組成員已準時回到教室時，小組長就可以像籃球隊員般，請大家伸出手交疊起來，然後

由小組長喊「123」，其他學員一起喊「到齊」，或是在每堂課要上課前，小組成員一起喊「加油」，這些方式都可以有效地營造小組共同的儀式感，凝聚小組成員的向心力。

當然，我也看過很多講師會規定各小組設計隊名或隊呼等方式來製造共同的默契和儀式感，這就要看課程的性質和目的而定了，否則容易耗時太長，讓課程失焦，變成過猶不及的狀況。總之，講師一定要讓鼓勵和讚美成為課堂管理的重要元素，即時給予學員的努力和成就正面的肯定，才能持續激勵學員認真專注地投入課堂的學習中。

4. 明確的指引與時間管理

課堂管理最容易失控的環節就是課程中有活動設計時，因此活動進行時，講師的指令要清晰，引導要即時，能讓學員的行為順暢地被轉移到活動中，同時明確規範活動的進行規則，精準地進行時間控制，避免因活動時間太長，讓氣氛變得沉悶，或是時間太匆促，造成產出效果不佳等狀況。

此外，為了維持課堂參與的平衡性和公平性，講師必須觀察各小組或成員間的個別差異，根據學員的學習風格和能力水平的不同，給予必要的支持和引導，才能持續地激發學員的積極性和參與度，以確保每個學員都能投入到學習中。

最後，講師在每一次的課程結束後，一定要花點時間進行反思和檢討，面對每一場不同的學員組成、不同的培訓需求，可以再如何地調整和修正，讓流程更順暢、節奏更明快，提升自己對課堂管理的掌控力。因為課堂管理是一個動態的過程，講師需要具備高敏感度和觀察力，依據課堂現場情境的變化和學員的反應隨時調整應變，才能更精準地掌握學習成效，達成教學目標。

第 **4** 章

多元教學設計
與運用技術

教了不一定會，不教也未必不會，
因為沒有教學，「學習」也會發生，
教學目的是要促進「有效率」的學習。

——孟想彥語——

　　「沒有教不會的學生，只有不會教的老師」，相信大家對這句話一定不陌生。

　　那是什麼原因造成講師的教學效果不佳呢？在分享多元教學方法前，我先用烹飪來做個比喻，其實各種教學方法就如同各式的烹飪技巧一樣，如果一位廚師只懂得「炒」這技巧，那他的拿手菜可能是炒飯、炒麵或炒青菜等，當然有可能是更高檔的菜色，但就是和炒相關的料理。如果這位廚師能熟練煎、煮、炒、炸、悶、燒、燉各式的烹飪技巧，就有能力針對顧客不同的喜好和食材的特性，烹調出不同形式的料理，來滿足不同顧客的口味和需求，得到五星好評。

　　同樣的，一位講師如果只懂得「課堂講述法」，那麼授課時就難免會陷入單向、無互動，讓學員覺得無趣沉悶的狀況，因為一種教學方法並無法適用於所有教學對象和課程內容，每個課程內容都有最佳的表現形式，講師必須懂得運用最適合的教學方法，將課程內容做最佳的呈現，來滿足不同學員的需求，也才能得到五星好評，達到更高的教學境界。

4-1 / 八大教學方法與實操要領

　　講師對教學方法的理解和熟悉度，將攸關課程內容的活絡程度，及能否達到學習成效的重要關鍵。本章節我將詳細說明八大教學方法的意涵（道）、實施步驟（法）、實操要領（術）和教學資源（器）的運用，讓講師能精準掌握多元教學設計的方法和實務操作的技巧，分述如下：

一、課堂講述法

　　課堂講述法是一種以講解、提問和回答互動為主的教學方法，這是一般傳統培訓運用最多的教學手法，通常由講師運用演講、講解、示範等方式向學員傳達知識，而學員則扮

演被動的角色，主要是傾聽和接收講師所傳授的內容。這種教學法可適用於各式各樣的內容，應用層面最廣、限制條件最少，但如果操作不當就會演變成照本宣科，唱獨角戲的狀況。

講述法雖然強調講師的權威和知識傳遞的效率，將學習過程視為一種傳遞和接收信息的過程，但講師要明白授課既不是政策宣導，也不是主管訓話，所以要將此方法運用得好，必須掌握以下三個操作要領：

1. 邏輯清晰、充分準備

由於講述法單向傳遞知識的時間較長，若講師的邏輯性不夠強時，學員聽起來就會很吃力，常會有不知所云的感覺。因此，講師要有清晰的結構和邏輯力，能將教學內容區分為適當的段落或主題，並在講解時按照順序有層次地進行，同時做好時間的分配，這將有助於提升學員對內容的理解度。

2. 善用類比、深化認知

因為講述法要傳遞的知識量比較多，講師需要多運用生動的語言、故事和案例來吸引學員的興趣和注意力，也可以

多使用視覺的圖片來輔助說明應用的場景等，可以幫助學員更深入地理解如何應用所學的知識。

3. 適時提問、重點提示

為了讓學員在講授的過程中不至於分心，講師在講述某一段課程內容前，可先提問問題來吸引學員的好奇心，引發對接下來講述內容的關注，講師也可以在講授過程中適時地穿插提問，促進學員的思考和理解，來確認學習的狀況，避免像導遊一樣落入只是導覽式的單向授課。此外，對於較易理解的內容，講師可簡略帶過，不用逐字導讀，只要側重在要強調的重點上說明即可，藉此加深學員的印象，提升學習的效果。

二、分組討論法

分組討論法是由講師運用分組的方式，透過小組成員間的互動和集體討論，促進學員的思考、理解和學習的一種教學方法。討論法提供了一個平台，讓學員能夠分享自己的觀點、經驗和意見，並從他人的觀點中獲得新的洞察和啟發。在分組討論法中，通常是講師給予一個特定的主題或問題，

透過各小組主持人的協助，讓小組成員進行深入的思考和意見交流。每個成員可以分享自己的意見和看法，並且需要互相聆聽和尊重彼此的意見，透過分組討論，學員可以共同探討問題、交流想法，並從中得到學習和理解，最後歸納總結出小組的共同的意見。

分組討論法是成人學習時經常會被使用的一種教學方法，最適用於討論目前學員共同面臨的問題或痛點，讓大家一起為這問題找出多元觀點。所以在分組討論法中，講師的角色是引導者和促進者，而非傳統的講授者，如果沒有掌握好操作要領，可能會造成學員討論時紀律散漫、時間拖延，研討產出不如預期等狀況，因此講師操作分組討論法時，需掌握以下六個關鍵要領：

1. 題目設定有目的性

小組討論的題目必須要和授課內容有連結，而且要與學習目標相關聯，也就是要有其目的性，避免讓學員摸不著頭緒。問題的設計要避免過於封閉，僅限對錯或只有單一答案，要能夠促進多元化的討論，讓學員可以從不同角度思考和探索問題，提出不同的觀點。

2. 任務分配要明確

　　小組成員的任務分工要明確，才能提高小組討論的效率，但講師在操作時，面臨的第一個難題就是要由誰來主持？誰來做記錄？如果一開始沒有分配好，就會浪費許多時間在互相推選角色這個環節，因為大部分的學員都不會想主動承擔這些任務。

　　講師可以運用一些小技巧來讓學員主動配合，願意協助這個任務。我分享我課堂上經常使用的技巧，如請小組長擔任主持人，或請大家把手伸出來，我們邀請「手指頭最纖細」的夥伴擔任記錄，因為聽說這樣的人心思最細膩，或我們邀請「眼睛最大」的夥伴協助做計分，因為聽說這樣的人觀察力最敏銳。也就是運用人的特徵，再加上給予適度的讚美，通常被指定到的夥伴都會有不錯的配合度，您不妨也可以試試看。

3. 時間掌控要精準

　　分組討論最忌諱的就是時間拖延太久，這部分卻也是講師最容易犯的錯誤，因為講師一般都會習慣給十五～二十分鐘的時間讓小組進行討論，一旦學員聽到還有這麼長的時間可以討論，通常不會馬上積極地投入參與討論，反而容易慢

慢地拖延，造成時間上的浪費。

　　為了避免這種狀況發生，講師可依題目的難易度，可分段宣布給學員的討論時間，建議一開始可以先給個三～五分鐘即可，這目的是要先讓學員有緊張感，督促學員馬上積極地投入討論，講師再隨時觀察討論的進度，適時地延長時間就行了，講師不用被一開始規定的時間所限制，討論時間的長短是由講師來調整和控制。透過適時給予學員時間上的壓力，塑造一個積極正向的討論氛圍，可確保小組討論的產出是有效率的。

4. 思路要引導和啟發

　　講師一定要清楚分組討論的目的並不是要考試，主要目的是在激發學員的多元思考，讓學員彼此做意見的交流，能更積極地參與學習的過程。因此，講師一旦發現學員在討論時遇到了瓶頸，進度落後或方向不對時，要適時提供必要的指導和支持，給予正確的引導，甚至刻意地給出一些答案或提示，讓學員可更快速掌握討論的重點，這樣除了可以讓分組討論進行得更有效率外，也能確保討論產出的品質。

5. 分享發表要有效率

　　講師在操作分組討論後的分享發表，往往也是整個活動

最花時間的環節，尤其是組數又多的情況下，發表就會需要更多的時間，假設課堂是分成八組，每一組發表五分鐘，加上講師的回饋時間，這樣全部發表完成至少需要六十分鐘的時間，往往因為耗時太久，造成學員沒耐心、不易專注，課堂秩序也會因此混亂。

　　所以，講師必須要有技巧地操作分組發表的流程，才不會讓學員覺得很浪費時間，我建議的操作方式是「先發表，後補充」，也就是先讓第一組上台發表的小組可以完整地說完他們要分享的內容，第二組上台的小組也是一樣，都可以在規定的時間內說完發表的內容，但從第三組上台開始，我就會說接下來的規則有改變，等會發表的內容，若有重複的就不用說，只需要說不一樣的，或是相同內容但有不同觀點的部分即可，之後再上台的小組，我就會說只要補充前面都沒說過的即可。

　　講師透過這樣的操作方式，會帶來以下兩個好處：

❶ 第一個好處：節省時間

　　避免讓台下的學員一直聽到重複的發表內容，會因此覺得無聊、沒新鮮感，因為課堂上這類型的討論，基本上大家的答案都會是「大同小異」的狀況，所以只要讓後續上台的

小組說出有差異化的部分即可，這樣才能節省下許多發表的時間。

❷ 第二個好處：激發更多想法

當小組成員發現討論出來的內容都已經被之前上台發表的小組給說完了，為了爭取小組的榮譽，大家就會更努力地腦力激盪，想看看是否還有其他小組沒想到的內容，這樣反而會激發出學員更多的想像力，往往會有許多出乎意料、意想不到的精彩內容產出。

不過，要特別提醒的是，講師在各組發表時，如果有加入競賽積分的設計，那麼後面發表的組別相對會比較吃虧，所以講師必須適時提高給後面組別給分的幅度，這樣才能前後平衡，不會讓學員覺得競賽規則是不公平的。

6. 總結時要反思回饋

講師在操作分組討論的過程中要密切觀察小組成員間互動的情況，在小組發表時可以適時地分享講師的觀察心得，同時針對各組上台發表的內容，講師要能夠提出關鍵問題的回饋和建議，引導學員進一步發展和深化想法，並和學習目標做連結。不過，講師也要避免過度主導，要給予學員自由發揮，激發想像的空間，才能獲得更多元豐富的觀點產出。

三、個案研討法

個案研討法是講師提供一個具有討論價值的案例,讓學員透過自我分析和共同討論的方式找出可能的解決方法,是一種具高度啟發性、實踐性的培訓方法。

講師會提供一個真實或虛擬的案例,這個案例通常是從實際經驗或真實情境中提取的,並與課程內容和學習目標相關,要求學員仔細閱讀和分析案例的內容,理解其中的問題和挑戰,並提出解決意見和方案。

美國哈佛商學院一九二一年率先使用「個案研究」(case study)來培養MBA學生並深獲肯定,透過個案教導學員如何把理論應用到實務,以及如何從實務歸納出理論,這種討論和交流的過程有助於培養學員批判性思考、分析、決策和行動的能力。

個案研討法的成敗關鍵取決於提供的案例是否與學員急需解決的問題相關,因此,講師在開發或選擇案例前,要先深入瞭解學員的培訓需求,並掌握學員目前工作上實務面臨的情況,選擇能涵蓋學員普遍性問題的案例,如果案例是模擬的,講師要特別注意案例的情境設計,必須讓學員閱讀後感覺就像發生在自己身旁一樣。

　　講師提供的個案本身未必存在唯一的答案，起碼是沒有標準答案，因為有標準答案的案例比較難以激發學員思考和討論的意願，有時候某些案例提出的問題會存在多種解決方案，考驗學員如何運用經驗和所學的知識來解決案例中所提出的問題，講師的任務是引導學員如何加以辨識這種多元化或最佳化答案的選擇，如此才能拓展學員的思維，提升學員問題分析和解決的能力。因此，個案研討法要運用得好，講師操作時要注意以下幾個關鍵要領：

1. 案例取材要適當

　　無論是真實或虛擬的案例，案例的選擇要和學習目標相連結，如果是具有代表性的案例更佳，提供案例的背景資訊要足夠，讓學員閱讀時能快速理解相關情境。此外，案例的問題設計要能引起學員的興趣並具有挑戰性，以促進和引導他們深入思考和探索案例中的關鍵問題和解決方案。

2. 過程引導要及時

　　個案研討就是透過討論和提問的形式引導學員思考，鼓勵他們分享觀點、進行批判性思考、提出問題並就解決方案進行思辨，所以講師要能引導學員積極參與協作討論，促進

學員間的互動交流。討論的過程中若出現彼此爭執、各持己見或是偏離主題時，講師要適時提出補充性說明，即時引導拉回主題，確保學員是在個案規定的情境範圍內討論。

3. 時間規範要明確

　　由於個案討論需較長的時間讓學員閱讀和反思，因此講師在對案例做適度地講解後，必須明訂討論規則和時間限制，若提問的問題較多，可以分段討論，以確保學員是在規定的範圍內進行討論，每一階段的討論也都必須適時地提醒學員要在限定時間內完成，避免因為時間拖延，造成思維上的惰性，敷衍了事，影響討論的效率和產出的成果。

4. 回饋指導要具體

　　學員分享個案問題的解決方案或建議後，講師可以針對學員對問題的理解程度和討論的結果給予回饋，提供指導建議和反思的觀點，提供學員從不同角度思考問題，並基於證據提出合理的論點，這將有助於學員將理論與實踐相結合，加深對知識的理解和應用的能力，講師最後再將討論所得到的具體建議和觀點進行提煉和總結。

四、視聽教學法

　　講師上課時要吸引學員的目光，視聽教學法可以說是所有教學法中最方便，也是最「吸睛」的方式之一，尤其是運用在成人的學習上效果更是顯著，因為上課時，成人的視覺和聽覺是最容易受到觸動的。視聽教學法是一種以視覺和聽覺為主要媒介，通過影像、聲音和多媒體資源來進行教學的方法。

　　許多講師在授課時也會找一些影片來輔助教學，但大都是用來當作活絡課程氣氛用，並沒有和教學內容做結合，實在很可惜。因此，我將分享講師要如何在課程內容中結合適當的影片來讓你的課程更生動、有趣，讓學員留下深刻的印象。

　　你是否聽過「管理電影院」這類型的課程？其實，這就是很典型的視聽教學法的運用，這類型的課程通常是講師有目的性地挑選一部電影做為教學內容的引導，在學員觀看完影片後，講師便會引用影片的劇情來和學員進行更深度引導和討論，然後有目的性地帶出關於領導和管理等教學內容，達到教學的目的。

　　雖然視聽教學法非常受到學員的喜愛，但講師也不能譁

眾取寵，為了吸引學員的注意力，勉強播放一個和內容不相干的影片，或許學員看得很開心，但卻不知道目的為何？這樣就失去了視聽教學法的真正意義了。因此，講師必須先清楚自己的教學目的，思考哪些課程內容是適合透過影音媒體來做呈現的，是否真的有助於提升學員對教學內容的理解度，再來選擇使用。

那麼有哪些課程的內容是適合講師運用視聽教學法來呈現呢？我將進一步分析視聽教學法適合使用的兩大應用範疇，說明如下：

1.「硬實力」的課程

所謂的「硬實力」指的是課程主題是比較偏向技術和能力性的內容，例如科技業有許多談關於生產製程或是化學原理的主題，像是製程簡介、引擎原理和晶圓生成等內容，這類型的主題可能無法用肉眼看見或是用實物演示出來，此時就可以借用影片來協助學員理解。或是服務業常見的主題，例如接待禮儀、服務流程或應對話術等內容，也可以透過影片的說明和動作示範，讓學員更能掌握執行的重點，這些都是講師可以事先收集或拍攝好影片來輔助教學，提升學習的效果。

2.「軟實力」的課程

　　所謂的「軟實力」指的是課程主題是比較偏向觀念或態度改變的內容，例如：談關於團隊合作、溝通或感動服務等內容，這類型的主題即便講師將課程內容講述得很清楚，學員大多也只能意會或想像，比較難有深刻的理解和體會，此時講師若能搭配一部適當的影片做輔助，便能激起學員的共鳴及認同，將有助於講師做後續內容更深刻的引導和闡述，也能吸引學員更專注地投入。

　　講師要將視聽教學法運用得好，需特別注意的操作事項和步驟，如下：

1. 選擇合適的視聽素材

　　講師必須根據課程內容和教學目標，選擇具有教學價值且適合上課對象觀看的視聽素材。多媒體素材的選擇可以是影片、圖片、音樂和動畫等，同時要確保影片、音頻等的清晰度和內容的準確性，也要注意是否有版權問題，確保使用合法的教學資源。

2. 說明播放目的和觀看重點

　　講師所選取的視聽素材必須和課程內容有密切的關連，且講師在播放前要先向學員說明播放的目的，同時提醒要觀

看的重點，以免學員觀看後無法即時回憶起剛觀看過的內容。講師也必須事先設計好觀看後要討論的問題，以利後續的引導和討論。

3. 控制影片長度和播放時間

　　根據成人學習的研究，在課堂上成人的專注力只能持續維持十五～二十分鐘，除非講師當初的教學設計就是要播放一整部影片來做討論，否則一般搭配課程內容所使用的教學影片，每個段落播放時間最好控制在十分鐘以內，最長不超過二十分鐘，而且以我的經驗，只要能達到效果，影片的長度越短越好，所以講師必須事先做好影片的剪輯，因為成人的注意力真的「十分」有限，若播放時間太長，容易導致學員分心，反而對內容記憶不深，無法針對影片的重點進行後續的分享和討論。

4. 互動交流與總結回饋

　　視聽教學法不僅是被動觀看和聆聽，講師需要設計互動性的學習活動，運用問題讓學員進行思考以及討論和發表，來加深學員對課程內容的理解和應用。此外，視聽教學法也可以和其他教學方法結合使用，如個案研討法、分組討論法

等，以提供更多元化的學習體驗和促進學習效果，最後再由講師進行整體學習心得的提煉和總結。

五、角色扮演法

　　角色扮演法是講師透過情境和問題的設計，讓學員扮演情境中所設定的角色來模擬真實情境的狀況，以促進學習和理解。情境的設計必須和實際工作狀況做結合，目的是考驗學員如何運用課堂中的所學來解決情境中所面臨的情況。

　　通常講師根據教學目的要求學員扮演特定角色，要求在特定的情境中進行對話、行動和解決問題。學員透過角色的扮演，可以身臨其境地體驗和理解不同角色的觀點、情感和行為反應，從而提升對於特定主題或情境的理解和應用能力。

　　講師在操作角色扮演法時可依據模擬的情境來決定角色扮演的人數，演練時最好安排有觀察員的角色來協助講師關注學員的演練狀況，以免因為演練的組數過多，因缺乏監督而造成不專注演練的狀況。演練時最好由多組學員共同參與，不要只請一組做示範，這樣才能讓學員有更多的體驗和經驗交流，達到相互學習的效果。

　　為了避免學員演練角色扮演時不夠專注，或因人數過多

造成混亂的情況，講師在操作角色扮演法時需掌握的關鍵要領如下：

1. 情境和角色設定要明確

在角色扮演中，講師需要提供相關的情境設定和角色背景資料，引導學員進行角色和任務的分配，角色扮演的情境設定不宜太複雜，講師必須清楚地描述模擬的情境和學員扮演的角色，讓學員能想像實際的情況和場景。

2. 學習目標要清晰

講師要設置明確的學習目標和任務，尤其是演練的內容和題目的設計必須要和課程內容連結，提醒演出者要依據所扮演的角色和所賦予的任務，靈活運用在課程中所學習到的知識或技巧來進行演練，才能真正有所體會和學習。

3. 演練過程要關注

講師要鼓勵學員尊重和包容不同角色的觀點和意見，引導學員對於角色扮演中出現的衝突和困難進行解決，促進彼此意見的交流，如何取得共識。在演練的過程中，若發現有學員無法掌握演練的重點或偏離規範的情境，講師要即時給

予引導和提醒，幫助學員進行改善，提升演練的效率和學習的效果。

4. 引導反思與回饋

角色演練結束後，講師可以先請不同角色的學員進行該角色的觀察和心得分享，同時請觀察員針對各組剛剛演練的狀況給予回饋和建議，最後由講師引導學員進行反思和討論，整理並深化對學習內容的理解和應用。

六、教具演示法

教具演示法就是講師運用各種道具和教學資源來示範和展示學習內容的教學方法，提供學員視覺和觸覺的學習體驗，教具可以是實物、模型、設備，甚至是多媒體資源等，藉以展示概念、示範技巧或模擬情境，用來引導學員更深入理解講述的內容。

有經驗的講師經常會運用或設計一些教具來輔助教學，讓學員能夠更直觀地體驗和觀察所學習的知識或相關技能，透過視覺和觸覺的實際操作，更好地理解和記憶學習的內容，這有助於激發學員的學習興趣和動機，提高他們對學習

內容的理解和應用的能力。

　　一個好的教具演示法能夠豐富學員的學習體驗，提高學習成效，講師在操作時要掌握以下的要領：

1. 選擇適當的教具

　　在教具演示法中，講師需要準備和選擇合適的教具，針對啟發類的主題，講師可以用簡單或自製的教具來做學習內容的比喻，如談時間管理這類主題，講師經常會用瓶子、石頭、沙子和水當教具做比喻，或是用撕A4紙當作教具來比喻單向和雙向溝通，這些都是很經典的用法。

　　若是談設備或技術類的主題，如果實體物品不會太大的話，講師還是可以直接帶到課堂上做展示或示範，但若設備太大不方便的話，建議可以拿關鍵的零主件來讓學員摸一摸、看一看，這些都將有助於引發學員的興趣，提升對課程內容的專注和理解度。

2. 適度的引導和說明

　　講師在運用教具演示法時要清楚地解釋教具的意義和用途，如果是實物的教具，講師演示時要提供必要的解釋並做適度的引導，最好是邊講解內容邊做示範，讓學員可以直觀

的理解，以確保學員有跟上演示的進度。如果是模擬的教具，講師在演示後，必須做延伸的轉化說明，並和學習內容做連結，讓學員獲得領悟和理解。

3. 鼓勵參與和體驗

講師在演示的過程中，可以提出引導性問題，鼓勵學員觀察教具展示的內容，引導學員針對學習的知識點思考和提問，深化對內容的理解，或是給予學員親自操作的機會，增加體驗的互動性和參與度，進一步加深學員對所學知識和技能的理解和記憶，提升學習的成效。

七、工作教導法

工作教導法是透過實際操作特定的工具或設備，讓學習者熟悉和掌握其使用技巧的教學方法，這個方法強調實際操作和實踐，能幫助學習者快速掌握特定工作的技能，企業經常用在培訓生產線員工的課程中，是一種培訓員工熟悉工具實際操作的教學方法。

工作教導法是由講師透過教學示範和即時糾正的方式，對學員的行為操作進行指導，這個教學法將「聽」、

「看」、「做」依序地結合在一起，讓學員不僅能掌握理論知識，也同時能在實踐中學會操作的技能，可以更快速且務實地達到培訓目標。

在工作教導法中，學員通常被直接安排到實際操作工具或設備的環境中，以便能實際體驗並瞭解其功能和操作方法，也有企業模擬實際的現場環境設置「道場」做為培訓的場地。由於工作教導法強調「即學即用」，因此操作時講師必須要掌握以下的步驟和要領：

1. 準備：學習前準備

這個階段的課前準備有兩項，第一項是培訓內容的說明，講師在教導前須先詢問學員是否曾接受過類似的訓練，以便掌握學員的程度，在進行操作流程講解時，講師最好能將相關步驟編成口訣或順口溜，以強化學員的記憶。第二項是培訓工具的準備，由於是強調實作練習的培訓，所以事前必須依據學員的人數準備好相對數量的工具，以確保每個學員都能參與到實踐練習。

2. 闡述：說給學員聽

這個階段主要是講師「說」的動作，在培訓教材和工具都

準備完成後，講師依據學員的學習程度，進行工作任務內容的講解和說明，這個階段要讓學員了解工具的各個部件和組成，以及它們的功能和特點，清楚理解操作的原理、步驟和技巧，並讓學員能感受到這些工具的使用是和工作品質及未來自身利益習習相關的，促使學員能更認真和專注地學習。

3. 示範：做給學員看

這個階段主要是講師「做」的動作，講師親自示範正確的操作方法，演示使用工具或設備的步驟和技巧，以邊操作邊講解的方式，解釋每個操作步驟要注意的要點和理由，並對操作過程中可能出現的錯誤做特別的提醒，以確保學員能理解和記住每個動作，讓學員在這階段都能達到聽懂、看懂且記憶深刻。

4. 模擬：讓學員試做

這個階段是讓學員親自進行模擬操作，在講師示範完成後，就要請學員模仿講師的示範親自來試著做做看，在模擬操作的過程中，學員必須邊做邊講解每個步驟的注意要點，此時講師的任務是仔細觀察學員對工具使用的熟悉程度，了解學員的學習狀況，記錄學員需要再強化改善的地方。

5. 矯正：給學員糾正

　　講師在觀察學員模擬操作時，要能指出學員和標準做法間的差異，並即時給予糾正，必要時講師可以再次做說明和示範，也可以挑選不同程度的學員上台做模擬操作，再由其他學員共同給予反饋，互相交流學習，尤其對於共同常犯的錯誤，講師要能分析和說明發生的原因，並指導該學員如何避免，確保培訓的品質。

6. 確認：考核學習成效

　　這個階段講師需要對學員進行考核，透過個別問題的指導和糾正，促使每個學員都能達到熟練的程度，在學員掌握正確的操作方法後，講師要給予正面的鼓勵，並強調以後要能形成習慣的重要性，避免經過長期的工作後會淡化或是遺忘，在學員養成穩定的操作習慣獲得成就後，就願意在操作技能上持續地改善和精進。

八、遊戲學習法

　　遊戲學習法指的是將學習融入一個實際可能發生的情境，或在虛擬出來的環境裡去做學習。針對特定的教學目標

加以設計，在專業講師的引導帶領下，透過與實際工作性質相關聯的一系列活動，讓學員在遊戲參與中，進行團隊回饋的分享與反思，進一步強化學習的效果，並使學習經驗能夠轉化到實際工作中。

這些年來遊戲學習法被廣泛地採用，如玩桌遊、拓展活動、團隊遊戲、高低空、溯溪、打漆彈等，經常用來談關於團隊合作、創新思考、溝通協調、問題解決或潛能激發等課程，也就是講師透過設計遊戲的方式，讓學員按照規則參與活動，引導學員完成任務，這種教學法好玩、有趣、有競爭性，能激發學員參與的熱情，課程中讓學員主動發現問題，學習體會往往比單方面被告知來的好。

總結來說，遊戲學習法的基本原理是通過遊戲情境、遊戲規則和遊戲活動來激發學習者的興趣和主動參與，藉以提升學習成效，因此講師使用遊戲學習法的優點如下：

1. 提高學習動機和參與度

因為遊戲本身具有吸引力和娛樂性，能夠激發學習者的興趣，提高他們對學習的投入和參與度。

2. 強化學習體驗和記憶

　　遊戲情境和活動的設計可以創造豐富的學習體驗，讓學習者更容易理解和記憶，以提升學習成效。

3. 提供合作和競爭的機會

　　遊戲通常需要學習者之間的互動和合作，讓學習者在團隊合作和個人競爭的情境中進行學習，促進他們之間的交流和合作能力的發展。

4. 提供反思與持續改善

　　遊戲可以提供即時的反饋機制，讓學習者了解他們的表現如何，進行自我評估和改進，並可以根據反饋來調整和改進團隊的策略。

　　雖然遊戲學習法有許多的優點，但講師在操作時仍要注意以下的要領，才能達到預期的學習成效：

1. 明確學習的目標

　　講師使用遊戲學習法時，一定要知道目的為何？不要為了遊戲而遊戲，讓學員玩得很開心，但卻不知道為何而玩？

失去了學習的本意，其實遊戲學習法的運用說到底主要就是分成以下這兩個範疇，只要能理解和掌握住這兩者的差異，就能更精準的進行設計：

❶「課堂互動」的遊戲化設計

指的是講師運用遊戲化做為課堂互動的工具，目的是著重在課堂上的互動，主要是用來塑造學習氣氛，激發學員參與的動機，所以講師所設計的遊戲元素不必要和教學目標做連結，例如：破冰活動、競賽排行、積分獎勵等的設計都屬於這個範疇的運用。

❷「課程內容」的遊戲化設計

指的是講師將課程內容透過遊戲化的方式做呈現，目的是著重在提升學員的學習成效，所以講師所設計的遊戲元素必須要和教學目標做連結，排除前面所提的大型桌遊、戶外拓展活動等方式，在課堂上最簡易的操作方式就是自己製作一些簡單的重點字卡，或透過將課程內容轉變成如選擇題、是非題、排序法、猜一猜和填空等方式的設計來和學員互動，都能達到不錯的學習效果。

2. 適當的遊戲設計

　　遊戲形式的設計要考量參與對象的背景和學習風格進行調整，如學員的年紀、位階、人數、男女比例和行業特性等，同時要確保遊戲的難度是適合學員的能力水平，既不能過於簡單，也不能太困難，適度的挑戰可以讓學員感到興奮和有趣，才會願意參與和投入，但也要給予他們適當的成就感和獎勵，來增強他們的動機和自信心。此外，遊戲規則的宣達要清楚明確，獎勵的方式也要公平，避免讓學員感覺不公平而失去了興趣和參與的動機，影響活動的效果，無法達成預期的目標。

3. 精確的學習引導

　　遊戲的過程雖然具有競爭性，但遊戲勝負結果不是培訓最終的目的，講師不單是把注意力放在最終的勝負上，遊戲活動應該與教學目標相連結，所以講師要在過程中給予回饋並引導學員反思、發現問題和促進團隊交流協作，讓學員從遊戲中獲得更多的理解和啟發。尤其是遊戲後的檢討和分享，講師要能將學員的學習心得與真實情境的應用相關聯，提高學習的實用性和轉移性，學員才能真正體會到遊戲帶來價值，達到預期的學習成果。

九、八大教學方法的優劣分析

　　每個教學方法都有其適用的情境和對象，講師除了要熟練八大教學方法的實操技巧外，更要根據不同的課程主題、時數和訓練目標做靈活的調整和設計。在此我進一步將這八大教學方法使用上的優劣點做一個整理，供講師運用時參考，如下：

類別	優點	缺點
一、課堂講述法	●講師時間較容易掌控 ●學員人數較不受限制	●缺少和學員的交流和互動 ●無法顧及個別學員的差異
二、分組討論法	●討論的問題比較有針對性 ●學員可彼此交流多元觀點	●組織力弱時，易有人打混 ●時間掌控不佳時，耗時長
三、個案研討法	●案例的實用性高、能激發學員的興趣和參與度 ●透過彼此的經驗分享，能提升學員的思維和決策的參考	●講師要多花心思選取或設計案例 ●講師的引導和提煉重點的能力要求較高

四、視聽教學法	●能吸引學員的目光，提升學員的興趣和專注力 ●容易引起學員的共鳴，讓人留下深刻的印象 ●能適當地輔助講師的教學內容，提升學習的成效	●講師要能取材或拍攝搭配課程內容的影片 ●若使用的影片太長或曝光度過高，學員容易失去耐心 ●講師對學員觀看後的引導技巧要求較高
五、角色扮演法	●結合實務的情境，學員的參與度較高 ●能促進學員對內容的理解及提升應用的能力	●學員演練的狀況需要較費心的掌控，以免有人打混 ●若請學員示範時，演出者的素質無法掌握，效果會打折
六、教具演示法	●運用道具可以提昇學員的關注力和參與度 ●將課程內容具象化，可加強學員的理解度，提升學習的效果	●講師需要準備合適的教具或是自製教具 ●學員對教具演示的理解程度，講師較無法掌握
七、工作教導法	●工作結合度高，實務性強，可即學即用 ●透過聽、看、做的結合，能快速培養學員的技能	●學員人數太多時，無法兼顧到個別的學習差異 ●培訓工具大多在生產線，場地容易受到限制

八、遊戲學習法	● 遊戲具趣味和挑戰性，學員的投入和參與度高 ● 寓教於樂，可激發學員的潛能、強化學習的體驗和記憶 ● 提供合作和競爭的機會，能帶給學員啟發和反思	● 遊戲的設計和創新需要講師多花心思設計 ● 操作時需耗時較長，考驗講師對現場的控制能力 ● 講師對課程的引導和轉化的能力要求較高

　　有效的培訓就是要透過選擇最合適的教學方法，讓學員從感知、理解、提升到運用，達到最佳的學習效果。經由以上的比較分析，我們可以得知，由於每個學員的背景、能力和學習風格都不相同，無論學員是偏好聽覺式、視覺式或觸覺式的學習，講師只要能理解這八大教學方法，透過多元的教學設計，必定能將課程內容做最佳的呈現，讓學員體會到學習可為自己所帶來的價值，就絕對沒有不會教的老師。

4-2 / 成人學習特質與應對技巧

　　講師到企業授課時，經常會面對這些情況：「學員年紀都很大（或很年輕）」、「學員都是公司的高階主管（或新手主管）」、「學員都很資深（或資淺）」、「大家通通混在一起上課」……等，那麼該如何應對這些狀況呢？

　　我想除了學校的老師外，大多數講師面對的都是職場人士或是已經進入社會的成人，這些對象可能有行業、年齡、年資和職稱等等的差異，講師要如何滿足每一位成人對學習的要求，確實是一大難題。

　　但這些看似複雜的情況，其實背後都有一個共通點，那就是上課的對象都是「成人」，既然都是成人，那麼在學習上必然有一些共同的特質，講師能否滿足不同對象對學習的

期待，這就考驗著講師對成人學習的理解程度了，這也是講師必修的課題。

　　以下我將詳細分析成人學習的五大特質、四大類型和因材施教的教學應用，說明如下：

一、成人學習的五大特質

1. 自我導向，學習目標明確

　　自我導向和自發性是成人學習的重要特質，面對社會和職場上的激烈競爭，成人參加培訓的目的就是希望透過學習提升自己的競爭力。換句話說，成人是帶著學習目標和個人成長的意願而來的，尤其是自己花錢報名的課程，更是希望能有所收穫。即便是被公司指定來參加，不是自願來的，成人也希望不要浪費他們的時間，因此對於授課講師和課程內容的要求相對會比較高。

2. 耐久性差，重視教學效率

　　對成人學習者來說，時間是非常寶貴的，因為他們大多是在職學習，希望能在有限的時間內學到更多知識，期待能帶走對實務工作有幫助的知識和技能，所以他們特別尊重知

識淵博以及教學效率高的講師。因此，成人學習者能夠很快地判斷出講師準備的課程內容是否充分，一旦認為講師的教學節奏太慢、缺乏效率，不符合期待，往往就會失去耐性，開始分心做別的事了。

3. 理解力強，但記憶能力弱

　　研究發現，隨著年齡的增長，成年之後對知識的記憶能力就會緩慢下降，尤其是過了四十歲之後，下降的趨勢更加明顯。但在記憶能力下降的同時，成人在抽象邏輯、思維能力方面，卻不斷地增強，一段文字或理論說明或許不會在成人的腦海中停留很久，但一個深遠的寓意、一個富有邏輯的推論和模型，卻會引發他們長久的思考和關注。

4. 經驗豐富，期待受到認同

　　每位成人都累積了一定的生活和社會經驗，這些經驗形成了自我價值觀和看待事情的觀點。成人不容易輕易相信某個人的「高見」，因此對講師提出的論點總會在心裡問「為什麼？」。同時，成人學習者也期望能得到他人的尊重，希望能表達個人意見，讓人感受到他存在的價值，因此成人需要在一個安全、被接納、具有支持力的環境中學習。

5. 成果導向，具立即應用性

　　成人學習的目的是以問題為中心，而不是以內容為中心，因為成人是成果導向的，他們是帶著問題或目的來的，期望課程可以即學即用。他們不滿足於只是在課堂上聽講師解說，更期待講師能針對他們的問題，透過示範或實作來提升面對實際問題的處理和解決的能力，或是能轉換成實務工作上的行動方案。

二、成人學習的四大類型

　　在了解成人學習的五大特質後，我們將更進一步來分析成人學習的四大類型，因為講師針對不同類型的成人，通常會設計不同的培訓方式。一般而言，面對年紀輕的學員，特別適合設計體驗式的活動，而年紀大的學員因為不喜歡激烈的活動，通常會設計較靜態的討論。之所以會有這樣的差別，主要是因為年紀輕的學員工作歷練有限，喜歡透過體驗活動的感知獲得新的體悟，而年紀大的學員因為工作經歷豐富，善於思考，學習則喜歡以實用為目的。

　　當然，講師也不能只根據這些表象資料，就直接判斷要用哪一種教學設計，因此我們可以依照以下這四個指標（如

圖4-2-1）：理性、感性、外放和內斂，將成人的學習風格分成以下這四種類型：

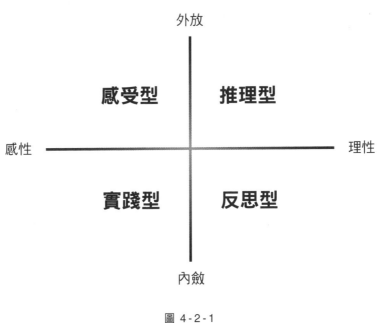

圖 4-2-1

■第一種類型：推理型

位於第一象限，也就是「理性＋外放」。這類型學員的特點就是願意表達自己的觀點，喜歡講師能提煉歸納課程重

點，理性分析能力勝於感性的知覺，他們重視邏輯，偏愛嚴謹的學術論證或理論模型，思維是屬於有條理、系統性的思考。

■第二種類型：感受型

位於第二象限，也就是「感性＋外放」。這類型學員的特點是表現較為開朗活潑，感受能力超過思辨能力，不願意被動地接受說教，樂於一起分享感受，他們喜歡透過視覺、聽覺、觸覺三種不同的渠道來感受課程帶來的啟發，經常會用「我的感受是……」、「我覺得……」，這類的話來表達對學習的收穫。

■第三種類型：實踐型

位於第三象限，也就是「感性＋內斂」。這類型學員的特點是表現較為務實，不喜歡空洞地聽理論，喜歡驗證自己的想法，重視學習成果。他們不太在意講師的教學技巧是否活潑有趣，重點是要實用有效，他們經常會說類似的話：「說得挺好的，但實務上不太適用啊！」、「理論歸理論，實務上行不通」，期待課堂所學可以即學即用。

■第四種類型：反思型

位於第四象限，也就是「理性＋內斂」。這類型學員較為沉穩冷靜，不以感覺為滿足，善於觀察和理性思考，喜歡獨立思考，經常會用自己的想法做判斷，如果要強迫他們接受講師的觀點，不一定會獲得認同，甚至有時候會故意唱反調，他們期望自己的觀點能獲得講師的認同。

三、因材施教的教學應用

那麼，講師在面對這四種不同類型的成人學習風格，該如何因材施教，滿足不同的學習需求，達到預期的培訓效果呢？依據上述四種分類，我將成人學習的教學設計和應對方式整理如下：

1. 釐清推理型的「邏輯線索」

對於推理型的學員，講師的教學重點是協助他們吸收和融合，尤其是如何將新知識融入他們原本的知識體系中，因為他們最感興趣的是如何轉化和內化所學到的新知識。

所以，針對推理型的學員，講師的教學要做到邏輯清晰、論述架構完整、重點明確，總結概括也不可少。對他們

而言，課程不需要過多的活動和案例，重點是能指導他們將新知識內化昇華，擴展既有的知識體系。

2. 重視感受型的「感知狀態」

對於感受型學員，講師的教學重點是讓學員透過體驗來感知課程內容，因為他們對課程的參與度高、樂於分享，重視自己的感受，期待能從課程活動中得到體悟和收穫。

所以，對於感受型的學員，講師的教學要能夠調動學員的感知系統，透過聲音、影片和體驗活動的設計，讓學員能有聽覺、視覺和觸覺的參與，最後引導學員發表心得和收穫，進而取得大家對課程內容的共鳴和認同。

3. 激發實踐型的「成就感」

對於實踐型學員，講師的教學重點是讓學員能將吸收到的知識透過實踐的應用來認識，由於他們比較沉靜內斂，講師要在課程中多設計實作練習，讓學員在學習過程中產生成就感。

所以，對實踐型的學員，講師在理論上的闡述和討論的時間無需過長，必須著重在能真正幫助他們解決問題的實務性內容上，同時指導學員實踐練習，達到學習的效果。

4. 引導反思型的「自我啟發」

對於反思型的學員，講師的教學要能允許不同觀點的存在，他們喜歡透過反思來理解新知，講師要給予學員更多的鼓勵和引導，避免直接在課堂上和學員進行辯論，要給予學員更多思考空間。

所以，對於反思型的學員，講師要轉換角色成為一位引導者，可以運用學員不同的觀點做為課堂討論的引子，鼓勵他們探索、質疑，激發多元的思考和討論，反而能收到更好的效果。

以上就是針對四種不同類型的成人學習風格可以採用的教學策略和因材施教的技巧。當然，講師也可能在一堂課程中就面對了包含這四種學習風格的人，所以講師一定要在課前先做好參訓學員基本資料的了解，或是透過課前訪談來了解參訓學員的心態和需求，這樣就可以依據多數學員的學習風格適當地調整和分配合適比例的教學應對方式。

最後，古希臘賢者梭倫（Solon）說：「成人要在生活中不斷地學習，因為年紀的增長，並不會自動帶來智慧。」這句話便明白地指出終身學習的重要性。

尤其是在這個資訊充斥、瞬息萬變的年代，知識的增長

已經不只是靠口耳相傳或是單方面地接收可以滿足，更多的
是透過彼此的經驗交流與學習的連結，成人學習更是如此。
因此，如何理解成人學習的特質和類型，因材施教，給予最
適當地指導和引導，也是身為講師必修的功課。

第 5 章

教學提問
與課堂應變技巧

激發學員的「好奇心」是吸引主動學習的磁鐵，
將更勝於運用任何教學技巧。

———孟想彥語———

　　希臘哲人曾說過這樣一句話：「To question is to teach.」（提問就是教授），這句話的意思是，一個提問的措詞和時間恰到好處，有時候比直接講授內容更有效。在這個注意力稀缺的年代，講師若只靠單向式的講授，已經無法吸引學員的注意力了，課堂上要如何和學員保持互動，讓學員能持續對課程內容產生關注和興趣，已經是講師必須面臨的共同課題。

　　因此，近年來互動式教學、引導式教學、遊戲化教學、情境式教學和翻轉教室等不同的教學型態越來越多，也越來越受到大家的重視，其目的不外乎都是希望能抓住學員的注意力，讓學員能專注在學習中。

　　這個單元我將分享講師如何運用教學的提問設計和問答回應技巧，能更輕鬆又有效率地達到這個目的。同時，在面對課堂異常狀況發生時，講師又該如何從容地應對，掌控上課的情境，達成原先設定的目標。

5-1 / 資訊不對稱與提問設計

　　講師授課時都希望能問出一個好問題，但一個好問題背後的設計原理是什麼？我上課時經常跟講師們說：「一個好問題，能讓學員有所思考，但一個好問題，前提是要有所準備，才能順利達到這目的。」講師想透過精準的提問抓住學員的好奇心，就必須理解資訊不對稱理論，懂得活用這理論才能設計出好問題，達成激發學員主動思考和學習的動力，這其中的要領為何？說明如下：

一、何謂「資訊不對稱理論」

　　資訊不對稱理論（Information Asymmetry Theory）的

原意是指在市場經濟活動中，兩方不同的人對同一個訊息的瞭解是有差異的，掌握訊息較充分的一方，往往處於較有利的位置，而訊息較缺乏的一方，則處於較不利的位置，因此造成交易雙方，其中一方擁有另一方所不知道的資訊，就形成了所謂資訊不對稱的狀態了，資訊不對稱可能發生在日常各種情境中，例如：買賣商品、金融投資、簽訂合約等。

其實在課堂上講師和學員間也存在許多資訊不對稱的情況，譬如在專業知識和技術上的不對稱，因為講師對授課內容的理解程度一定比學員來得深，在專業技術上的表現通常也比學員來得好，講師便可運用這個不對稱的優勢，透過問題或活動的設計來創造學員的好奇和期待，便能提高學員對課程的關注和參與度。

二、問題設計的兩個核心理念

理解了資訊不對稱的原理後，那麼要如何才能設計出一個能引發學員興趣或好奇的好問題呢？只要能掌握以下兩個核心理念，便能設計出一個能引發學員好奇的「巧」問題，說明如下：

1. 令人驚奇或饒富趣味

　　「你知道7-11便利超商一年可以賣出幾顆茶葉蛋嗎？」、「你知道年薪五十萬和年薪三百萬的人，只差哪三個工作習慣嗎？」、「你知道要減肥吃哪一種水果最快嗎？」，這些問題的答案你是不是也會覺得有趣或好奇呢？其實這類型的問題就是掌握了專業知識上的不對稱，這些答案可能是講師熟悉的資訊，但卻是大多數學員不知道的，這樣就能引發學員的求知慾望，讓學員對講師接下來要說明的內容產生興趣和期待。

　　因此，講師可以在要講授的課程內容中萃取一些關鍵有趣的不對稱資訊，將這專業知識設計成令人感到驚奇或好奇的問題，然後安排在適當的時機進行提問，便能達到吸引學員的關注，創造和學員良好互動的效果。

2. 情理之中，意料之外

　　「雞長得快是因為打生長激素？」、「泡麵含有很多防腐劑？」、「褐殼蛋比白殼蛋營養？」，這幾個問題的答案其實都是否定的，是不是和你想的不一樣呢？這就是所謂的「情理之中，意料之外」，這類型的問題能快速引起學員的關注和好奇，他們會想知道為何和他們過去的認知不同？那

正確答案又是什麼？將會專注地聆聽講師接下來對這問題的說明。

　　因此，講師可以收集一些和課程內容相關的資訊，可能是大家一直存在的錯誤觀念或是經常犯的錯誤，將這些疑問點設計成問題的形式，在課程中透過這類型的提問來引發學員的關注和好奇，學員便會對接下來的課程內容充滿期待。

三、問題設計的三個原則

　　理解提問問題設計的兩個核心理念後，別忘了前面所提醒的，一個好問題，前提是要有所準備，所以針對問題內容的設計也必須要精確到位，符合原先設定的教學目的，不能只是單純為了要互動而提問，講師針對問題的內容設計必須掌握以下這三個原則，才能精要有力地達到預期的效果：

1. 問題簡單，容易回答

　　講師在課程中的提問，主要目的不是要對學員進行能力的檢核，更多用意是要透過提問吸引學員對課程內容的關注，帶動課堂的互動氣氛，讓學員對接下來的授課內容感到興趣。因此問題的設計不宜太難回答，若擔心學員會思考太

久，建議可將答案設計成是非題或選擇題，讓學員可以輕易做答，以免提問後無人回應，或因時間停頓太久，反而造成冷場的狀況。

2. 問題合理，有的放矢

　　課程中提問的問題一定要有其目的性，而且必須事先經過設計，絕不是講師隨性想到什麼就臨時提出來，這樣不但會影響到授課的節奏，也會讓學員覺得很唐突，摸不著頭緒，不知講師提問的目的為何？所以講師的提問必須和課程內容有所連結，在獲得學員的回應後，也要有目的性地引導回到課程中，接續課程內容所要強調的重點。

3. 問題深度，符合情境

　　講師針對提問的內容必須考量當時的情境和學員的程度，問題最好不要涉及到政治、宗教和性別等這方面的話題，以免造成和學員有立場上的不同，進而引發不必要的爭論而偏離主題。同時，講師也要事先了解學員在特定專業領域上的專業程度，避免使用過多的專業術語提問，導致學員一時無法理解，難以即時回應的尷尬情況。

　　最後，課堂中的提問，時間的拿捏是否恰到好處也非常

重要，題目的設計除了要簡短清晰、簡單易懂外，講師對問題的描述也不宜過長，以免造成學員聽完後仍無法掌握重點，又要再次向講師釐清，造成時間上的浪費，也會因此打亂了上課的節奏，反而讓學員失去耐心和興致。

經由以上的分享，我們可以理解，講師若能懂得運用「資訊不對稱理論」設計出一個問題，就像是一個吸引學員主動學習的「磁鐵」，將更勝於運用任何的教學技巧，便能激起學員的好奇心，自動參與和專注投入課程學習中。

5-2 / 提問的時機 與提問技巧

　　「停頓，是有意義的設計。當停頓時，學員開始由聽轉向學。」講師在課堂上透過提問的方式，目的就是讓學員的思緒暫時停止，藉此激起學員內在的學習動機，促進主動學習的意願，提高學員對課程的投入。所以，講師提問的時機點需要恰到好處，才不會顯得突兀，提問和引導的方式也要適當，才能達到預期的效果。

一、提問的時機點

　　課堂上哪些時機點最適合講師進行提問呢？其實要達到最佳的提問效果，講師必須先清楚提問的目的，再來掌握提

問的時機點。一般而言,通常有以下這四個時機點:

1. 進入單元內容前

　　講師在進入課程單元內容講解前,先運用提問的方式,設計一個能引起學員好奇或感興趣的問題,最好是符合前面所提到的「情理之中,意料之外」的巧問題,讓學員產生認知上的衝突,那麼學員便會對接下來的課程內容產生好奇和期待,將會更專注地投入課程中。

2. 單元段落講解後

　　講師在講解完課程某一段落的內容後,可以透過提問的方式來判斷學員對剛才課程內容的理解程度,或透過提問來引導學員進行段落內容的重點分享,藉此來深化學員對內容的熟悉度與理解度。

3. 問題討論分享時

　　講師在聆聽學員分享討論內容時,若發覺學員分享的深度不夠,或是思維有所局限時,可再次透過提問的方式引導學員升維思考,透過觀念的啟發,促進學員更多元的思考,或往更深度的實務方向推演。

4. 課程單元結束後

講師在每一個課程單元結束後，可以再次運用提問的方式幫助學員複習課程重點，或是激發學員課後的行動動機，讓學員適時地停頓反思和復盤，來確保學習的效果。

二、提問的技巧

講師透過提問的方式可以調動學員上課的積極度，增加互動的效果。但要如何掌握提問的技巧才能確保學員有所回應，引導到講師所期待的方向，不至於造成冷場的狀況？在此，我分享課堂上常用的四種提問引導方式：

1. 全體式的提問

這種方式是講師針對課堂上所有學員進行提問，也就是開放任何人都可以自由地回應講師的提問，這也是一般講師最常使用的方式。這種方式的優點是任何人都可以回答，講師有機會獲得更多學員的回應，但缺點是萬一都沒有人主動回應，就容易產生冷場的尷尬狀況。

那麼要如何避免無人回應的情況發生呢？我的方法是，如果沒有把握一提問就會有人回應的話，那麼提問的問題最

好如同前面所提的，先設計成選擇題或是非題，讓學員比較容易回答，如果講師想要更深入理解學員的想法時，再持續追問，這樣比較能避免一開始無人回應的狀況發生。

2. 特定式的提問

指的是講師針對現場某一些特定的對象進行提問，也就是請求被指定的學員回應問題，這樣可以避免無人主動回應的尷尬情況。但要特別注意的是，講師指定的人選也需要慎選，以免造成被指定的學員不自在，或因為一時分心而無法回應，同樣會造成冷場的尷尬情況。

若使用這個方法，我的建議是可以先指定小組的幹部來回答，因為擔任幹部的學員會比較有責任感，譬如講師可以請各組的小組長給出回應，或是邀請課堂上跟講師互動比較頻繁的學員先來回答，通常這樣的人選都比較積極，也會給予較合乎期待的回應。

3. 修飾式的提問

這種提問的目的並不是真的要取得學員的回應，而是講師事先修飾好一個問題，透過提問的方式，有目的性地將學員的思緒引導往某一個特定的方向去思考，這將有助於講師

對後續課程內容的闡述。

　　例如我上服務主題的課程時，經常會問學員這個問題：「服務做得好，公司一定會賺錢嗎？」學員的回答可能是「會」，也可能是「不會」，我會請學員分享完不同的觀點後，然後就會引導出這樣的結論：「服務做得好，公司不一定會賺錢，但只要服務做不好，公司就一定不會繼續賺錢。」所以服務不是你要不要做，而是你不得不做，因為服務一旦沒做好，客戶就不會再回來了。如此，取得學員的認同和共鳴後，再接續我想要講授的課程重點，這就是運用修飾式提問的技巧。

4. 穿越式的提問

　　這種提問方式是講師希望透過提問來激發學員有更多元的思考，或提升思考的維度，用不同的角度來看待問題。所以穿越式的提問，可以是時間的穿越（如：過去和現在）、空間的穿越（如：國內和國外），或是角色的穿越（如：商家和顧客），目的是讓學員能對課程內容有更全面和系統的思考。

　　這種提問方式最適合運用在學員分享討論時，講師可以透過持續性的提問引導，例如：如果把時間往後推算十年，

你還會是這樣的結論嗎？如果換成你是顧客，你還會這樣想嗎？這個溝通方法適用在新世代員工上嗎？這些都是穿越式提問技巧的運用，這樣往往都會得到不錯的回應。

最後，要特別提醒的是，講師提問時最好一次只問一個問題，不要一連問好幾個問題，因為上課的節奏很緊湊，一次問多個問題會造成學員沒有足夠的時間思考，無法立即回應，而且加大了問題的難度，如果有一個問題回答不上來，學員就會選擇不再回應，也不願意再做更深度的思考了，效果反而會更差。講師只要能清楚提問的目的，在適當的時機提出一個好問題，絕對能為課程效果增色不少。

5-3 / 課堂異常狀況 與應對技巧

　　兵家常說：「不打無準備之戰。」每一堂課對講師來說都是一次新的挑戰，因為面對的學員和需求都不相同，所以上台前講師必須做好萬全準備，面對課堂上的種種狀況也才能泰然自若地靈活應變，正所謂「台上一分鐘，台下十年功」，每一場精彩的課程，都是講師長期經驗的積累所展現出來的成果。

　　在我的講師培訓課程中都會有這麼一個討論題，就是請講師們寫出在授課時最擔心遇到的問題有哪些？面對這些狀況，怎麼做才是最佳的處理方式？然後我便會和講師們交流和分享我應對的方式。我重整講師反應最擔心在課堂上遇到的五種狀況，以及我建議的處理方式，分享如下：

狀況一：學員冷漠、參與度低

　　這類狀況包含學員上課沒反應、冷場、不回應或配合度低、滑手機，做自己的事⋯⋯等，這可以說是講師在課堂上經常遇到，也是最擔心的狀況，我建議的應對方式，如下：

1. 給獎勵，激發參與度

　　講師在課程開始前，必須先做好師生默契的建立，為接下來課程的進行取得共識，也就是要運用前面所提到的課堂管理技巧，藉由設計團隊競賽和獎勵方式來提高學員的參與度和榮譽感，塑造團隊正向積極地學習氛圍，帶動冷漠學員的參與意願，大家便會為了團隊榮譽開始投入學習活動中。

2. 給壓力，進行課程考核

　　講師可以在課程開始前宣布，這個課程是訂有考核機制的，未通過的學員可能要再補上課，除了課後的測驗成績外，包含課中的紀律、個人的發言和小組的團隊表現都會納入考核項目，這樣便能給上課的學員適當的壓力，讓大家配合地投入學習活動中。

3. 提興緻，運用教學設計

　　講師在設計課程教案時，必須預先設計一些互動性較高、有趣的教學活動在課程內容中。授課時一旦察覺課堂氣氛開始有點沉悶，學員的專注力渙散時，便可以適時地轉換教學手法，帶領能讓學員一同參與的教學活動，讓大家再重新投入課程學習中，或是運用視聽教學法播放一部有趣的短片，也能夠快速吸引學員的目光，把學員的注意力聚焦回到課堂上來。

4. 轉話題，談觀點或趣事

　　講師若察覺學員上課的精神已經開始疲累、參與度變低或專注力渙散時，建議可先暫時停止講授課程內容，試著先轉換一下學員的情緒和心情。這時講師可以說個笑話或談一些比較輕鬆有趣的話題，如聊一下熱門的時事，或是分享自己最近的趣事，來提升學員的興致，轉換一下教學氣氛，再讓學員重新投入課程中，避免因為學習氣氛過於沉悶，導致學員精神渙散，冷漠的狀況。

5. 明對象，善用組織動員

　　講師提問問題時，若沒有人回應，通常也會造成冷場，

一般講師遇到這種狀況都會先暫停一下，等待學員主動回答，若一直沒人主動回應，為了化解這尷尬的情況，講師通常會自問自答。這裡我要提醒的是，除非不得已，講師儘量不要做自問自答這個動作，因為這將造成往後講師提問時，學員就不會主動回應了，因為大家心裡會想，反正沒回應講師也會自己說答案，就乾脆不回答了。

若要避免這種情況發生，我建議講師提問後，先等待約三秒的時間，若發現沒有學員主動回答時，講師可以運用之前談過的技巧，立即指定一位學員來回答，通常就能化解這種冷場的狀況。如果這個方式，講師也沒把握能找到對的人來回答，建議講師可以運用組織動員的技巧，也就是請小組長主持一下，讓小組成員簡短討論後給出一個答案，通常這樣就能促動大家的參與，順利化解冷場的狀況。

狀況二：面對唱反調、擅挑戰的學員

講師授課時，難免會遇到有學員的觀點是和講師不一致的，或是學員自己的經驗有限，無法理解或認同講師所說的內容，進而表現出不認同的反對態度，或是對講師授課的內容進行挑戰，影響課程的進行，面對這樣的學員，我建議的

應對方式如下：

1. 轉移學員的負面情緒

　　面對學員故意唱反調或是情緒性的攻擊，講師可以先用正面的方式來肯定學員的真性情，但先不針對學員的看法進行評論。講師可以這麼說：「很高興，你願意勇敢地把自己的想法說出來。」或是「我很肯定你願意提出不同的觀點來討論。」先用這個方式讓學員感受到他的意見是獲得尊重的，先轉移學員的負面情緒，而不直接回應問題。

2. 釐清意見背後的原因

　　接著，講師可以透過提問來釐清學員反對的原因，請學員更詳細地說明他不認同或反對的理由為何？藉此了解學員看待這問題的觀點。講師可以這麼說：「你可以說得更清楚些嗎？」、「針對你剛提的問題，可以舉例是什麼情況嗎？」這時你會發現一個有趣的情況，往往在學員表達完他自己的觀點後，認為自己被理解後，情緒就好很多，甚至就不再堅持反對了，這個步驟主要目的是要更進一步確認學員不認同背後的真因。

3. 轉化成「中性」問題，進行討論

　　在學員表達完他的觀點或理由後，依據我的經驗，唱反調的問題通常都是具有「針對性」或「特殊性」，講師可以巧妙地將這類反對問題轉化成較具有「共通性」的問題，也就是不要讓學員把焦點放在這種特殊或例外的情況上，然後完全否定講師所說的內容，而是要找出這問題背後共通性的原則，所以，講師要將問題轉化成較具「中性」的問題，也就是大家會共同面臨的問題，而不是特定狀況，然後讓大家一起討論，共同分享解決方式，這樣也才能避免其他學員覺得好像事不關己，存著看好戲的心態。

　　舉例來說，學員上銷售課程時經常會提出，依據他的銷售經驗，顧客買東西只重視價格，其他都不重要，所以他不認同做好服務對成交有多重要之類的觀點。講師遇到這情況時，除了之前談的兩點，要先肯定學員的勇氣和釐清學員的想法後，可以將這問題轉化成比較「中性」的問題，例如：「請問顧客為什麼要來找你買這個商品？」或是「請問在成交的過程中，除了價格外，還有什麼是顧客在意的？」然後邀請現場學員一同參與討論，相信答案一定不會只有「價格」這個因素，最後講師再收斂大家的意見後給予回饋，來化解這個比較針對性的觀點。

4. 運用時間壓力，強調他人權益

　　講師如果已經運用了以上三個技巧，通常應該就可以把唱反調的學員和問題給處理好了，但如果唱反調的學員還是不滿意，想繼續挑戰講師，這時為了避免一對一的和學員針鋒相對，或是因此花費太多時間進行解釋，進而影響到其他學員上課的權益，我建議就用這最後一招，講師可以說：「因為課堂時間有限，時間是大家的，為了不影響課程進度，這個比較特殊的觀點和個案，請容許我們課後再來交流，我們先尊重其他人聽課的權益。」相信在大家的壓力下，應該會很識相地收斂。

狀況三：面對主管與會、行內專家參與

　　這個問題是我在上內部講師培訓課程時，經常會被問到的問題，通常我都會反問內部講師，請問您擔心什麼呢？得到的答案基本上就是兩個：一個是擔心被主管或專家學員給問倒，另一個是擔心講錯內容被指正。我認為保持的心態就是「教學相長」，面對這類型的學員，我建議的作法如下：

1. 邀請擔任課程教練或導師

為避免主管或專家學員在課程進行中冷不防地提出質疑或挑戰，講師必須在課程開始前先做好這一個動作，就是先給予這些專家學員適度的尊重，先在課堂上公開地邀請來上課的主管或專家學員擔任課程的教練或導師，同時給予專業上的肯定和讚美，感謝他們願意放下身段一起來學習，我們也很期待這堂課可以從他們身上得到收穫和啟發。

接著，講師在後續的授課過程中，要適時地請教主管或專家學員的意見，尤其是有學員進行分享或發表時，可以邀請他們用教練或導師的角色給予回饋，讓他們充分感受到被尊重，只要他們的意見有機會充分地表達，自然不需要再特別對講師的授課內容提出質疑或挑戰了。

2. 邀請分享經驗或補充內容

如果講師知道現場的主管或專家學員的經驗比自己豐富許多，反而可以利用這個機會，適時地邀請他們分享在這個專業領域上經歷過的難得經驗，通常他們也會樂於分享這些屬於他們獨有的工作歷練，獲得一些滿足感。講師也可以在講解完部分內容後，請問他們是否能再補充一些相關的專業見解，這樣不但可以不用擔心主管或是專家學員針對你內容

不足的地方提出質疑，反而可以藉由他們的經驗分享或補充資訊，讓學員對該領域有更深入的理解，無形中也豐富了課程內容，可以說是一舉兩得。

3. 邀請做課程單元的小結

　　假設在課程進行的過程中，講師已經做了以上幾次的邀請，主管或專家學員都沒有參與，但也沒有針對課程內容提出任何質疑，講師也不要因此就鬆懈了，以為他們就不會再提出挑戰了。為了確保不會有突發狀況，建議講師在每一個單元結束做回顧時，再度客氣地請教主管或專家學員是否有其他要補充的意見，或是請他們幫忙做個小結，這也等同是幫你的課程內容做了一個背書。

4. 對專家的見解進行補充說明

　　假設在課程進行過程中，主管或是專家學員在講師的邀請下，很樂意地發表自己的見解，講師除了給予肯定和感謝外，為了維持授課講師在課堂上的專業信賴感，建議在主管或專家學員發表完意見後，講師可以接續他們所提出的意見，適時地再補充幾點自己的看法，巧妙地展現出自己的專業深度，也可以做一個完美的收斂。

　　例如，在主管分享完後，你可以這樣說：「很感謝陳經理的分享，果然是這領域的專家，除了陳經理剛所提的三項原則外，我再補充一項也是很重要的原則……」這樣就能讓學員感受到講師其實也是理解這些內容的，而且還可以進行補充，才能持續維持在學員心中的專業信賴感。

狀況四：面對無法回答、被問倒的問題

　　許多講師都很擔心上課時會被學員問倒，面對自己真的不懂的問題，往往不知道該如何是好？若承認不會，總覺得好像面子掛不住，有損講師的專業形象。其實，學無止境，在這個知識爆炸，終身學習的時代，沒有人會是完全真正的專家，什麼都懂，真的不需要給自己太大的壓力。

　　講師若願意無私地分享所學，讓學員有所收穫和成長，就問心無愧了，真的不用太在意還有你不懂的問題，我建議的處理方式如下：

1. 再次釐清問題

　　講師在第一時間聽到自己不清楚，無法回答的問題時，首先要保持鎮定，先不用太慌張，因為有時候是學員的表達

不清楚，導致講師無法理解這問題真正要問的內容是什麼？
這時講師可以請學員把問題再描述得更具體一些，或是透過
進一步的提問，再度釐清一些關鍵的內容。通常經過學員再
次詳細地說明後，講師就能理解真正的問題點了，常常不是
一開始的意思，也就不至於那麼難回答了。

2. 確認問題的重要性

　　假設學員再次將問題清楚完整地描述後，講師也了解問
題真正的意涵，但確實是不懂，無法給出正確的答覆，這時
講師可以先從容地將問題轉移出來，反問現場學員是否有人
也面臨跟這情況一樣的問題？

　　假設在第一時間（大約三秒的時間），現場都無人舉手
附和的話，表示這問題可能不是多數人會面臨或關心的問
題，這時講師可以順勢地說：「如果現場沒有人有類似的問
題，為了不耽誤課程的進度和大家的時間，這問題課後我再
個別找你討論，我們先把時間保留給大家繼續把課上完。」
如此便可以化解在課堂上無法回答的尷尬情況，讓自己有緩
衝的時間，等下課時再跟提出問題的學員私下說明自己目前
的理解狀況。

3. 邀請學員共同解決

假設講師將問題轉移出來後，詢問現場學員是否也曾面臨相同問題時，立即有多位學員舉手表示自己也曾有類似的疑問，此時講師便可以試著將這個問題直接移轉給這幾位學員，邀請他們分享相關的處理經驗，或是請各小組利用一點時間討論一下。講師剛好可以利用這個機會聽聽其他學員的處理方式，或是和學員交流意見，同時梳理一下自己的想法，這樣或許就可以歸納出可以回覆的正確答案了。

4. 誠實面對，限期回覆

假設在上一個步驟，講師在聽取完學員的回饋意見後，仍然無法立即梳理出問題的正確答案，在沒有充分把握的情況下，建議講師不宜為了面子問題，勉強給出一個不確定的答案，因為可能會因此誤導了學員，甚至搞不好有其他學員知道正確答案，反而被打臉，這樣就更有損講師的職責和專業形象了。

我建議講師可以誠實地跟學員說明，說明自己對這個問題雖然是有些想法，但因為今天的身分是講師，答案必須是百分百的正確，否則誤導大家就不好了。所以，針對這個問題將承諾會在期限內回覆，給予大家一個更正確的答覆。

狀況五：時間控制不佳、無法準時下課

　　這個情況是講師經常會碰到的問題，尤其是經驗不足的講師更是容易發生。有時候真的是內容準備太多講不完，但有時候是授課過程中學員的提問較多，導致時間不夠用。無論原因為何，無法在規定的時間內將課程講完，學員對講師的評價就會扣分，那麼遇到這些狀況該怎麼處理比較好呢？我建議的處理方式如下：

1. 說明原因，徵求意見

　　講師一旦判斷課程已經無法準時結束，所剩的時間不足講完此次準備的課程內容時，建議最慢要在課程結束前十分鐘跟學員說明，也要讓學員理解造成這結果不完全是講師的責任，可能是學員上、下課的時間未準時回座，或是課程中學員提出的問題過多，大家花費討論的時間較長等，這些都是影響課程無法準時結束的因素。

　　隨後，講師必須徵求學員意見，詢問是否同意延後下課時間（我建議不要延後超過十五分鐘），若主辦單位和大多數學員皆同意時，才能延長授課時間。講師千萬別一廂情願地認為只要自己願意多付出，反正又不收費就沒問題，然後

就直接繼續超時授課，這樣做反而會造成學員不知道何時才能下課？更無法安心地聽課，導致有更多抱怨的聲音，反而得不償失。

2. 做出內容抉擇，留下聯絡訊息

如果講師詢問大家意見後，已獲得同意讓講師延長授課時間，這時講師就必須針對尚未講完的內容做出抉擇，千萬不要因為時間不足就開始當「導遊」，快速地將未講完的內容唸過一遍，這樣學員也無法好好地理解內容，就失去延長時間的意義了。

這時，講師要在有限的時間內抓大放小，重質不重量，把相對重要的內容好好地講解說明清楚，其他相對不那麼重要，或是學員自己看就能懂的部分則先跳過不講。最後，留下講師的聯繫資訊，說明針對來不及完整說明的內容，學員若有疑問或想進一步了解的話，歡迎可以隨時和講師做聯繫。

以上是時間不夠的處理方式。當然，經常也有講師問我，那如果下課時間還未到，但課程內容已經講完了，又不能提早下課的情況下，那講師可以做些什麼呢？我的建議

是，可以邀請學員分享這堂課帶給他的心得和收穫，講師可以從學員的心得回饋中，再次帶領大家複習這課程的重點，或是運用提問的方式來評估學員的學習狀況，做更進一步地補充說明，講師也可以進行Ｑ＆Ａ或提出課後行動計畫。這些都是在時間還充裕時，可以運用的課程收斂方式。

最後，透過以上這幾種課堂常見的狀況和處理技巧的說明，我們不難發現，其實教學現場氣氛的掌控和應變，就如同烹飪的時間和火候的控制一樣，一位廚師即使擁有多種烹飪技巧，如果時間和火候沒能掌控好，就無法成就一道美味的料理。

同樣的，一位傑出的講師除了必須熟練各種教學方法的運用外，還要能快速應對課堂上隨時會發生的異常狀況，才能從容地將學習氛圍拉回原先設定的教學情境中，達成預期的教學目標。

第 **6** 章

教案設計
與教材編撰技巧

理論是「林」、案例是「樹」，
好的教學要能見林又見樹。

——孟想彥語——

　　在開始談論這個單元前，我想先請問大家一個問題，一位普通的「小演員」要如何能快速被大家認識，而成為所謂的「大明星」呢？其實最便捷的途徑就是演一齣有「好劇本」的戲，不是嗎？仔細想想目前我們所熟知的大明星，是不是都曾經演過一部好戲、好電影或是唱過一首好歌，之後才快速被大家所認識的呢？

　　有句話是這麼說的：「一本好本子可以捧紅一位小演員」，其實課程的教材就如同一部電影的劇本般，有一個完美的課程腳本，才能打造一堂明星課程。所以一位「普通」講師想要成為一位「明星」講師，就要把功夫下到課程的內容編撰上，也就是教材編寫的能力，這個單元我將逐步地說明如何開發出一個能滿足學員需求、內容充實又有趣的課程教材。

6-1 / 教案設計 與課綱構思技巧

　　我在培訓界多年來的觀察，許多講師能夠將課程內容演繹得很好，也能掌控到教學的成效，大多數已具備了「導」和「演」的能力，但就是欠缺「編」的技能，甚至有些講師還有公版或標準的教材可供參考，一旦要求講師要開發一門新課程，他們卻往往不知道要從何著手？有鑑於此，我將分享如何透過「教案設計表」來帶領大家逐步思考如何編寫出一個課程的好本子。

　　那什麼是「教案設計表」（如圖6-1-1）呢？教案設計表是用來協助講師釐清教學目標、選擇教學策略、規劃課程內容和評估學習成果的重要工具，如同你想要做出一道好料理，如果有一份詳細的烹飪食譜，記載著每一個步驟所需要

使用的食材、配料、烹飪方式及時間長短等，你是不是能更有信心地做出這道料理呢？而一個完整的教案設計表就好比是一個課程的食譜，如果能清楚標示出這十個要項，一定能編寫出一門精彩課程所需要的好劇本，我逐項說明如下：

一、課程緣由

這是課程首先要釐清的部分，指的是講師必須要先清楚開這門課程是基於什麼原因？也就是一門課程整體的培訓目的和理念，以及希望達到的結果和影響是什麼？通常也稱做「訓練目的」。如果用規劃企業的培訓課程來做說明，訓練目的通常和公司的戰略目標及組織的營運方針是相關聯的，一般來說，企業開課的原因主要是這三個來源：

1. 供企業發展之「用」

指的是為因應經濟趨勢或產業發展所需要了解的主題，如近期的AI和ESG等課程，或是組織未來發展所需要具有的觀念和認知，如當責、創新和顧客導向等課程。

教案設計表

課程主題			
（一）課程緣由			
（二）課程對象			
（三）課程時數			
（四）學習評估	□L1（如：滿意度調查）　　□L2（如：測驗或發表） □L3（如：課後行動計劃）　　□L4（如：產出具體績效）		
（五）教學目標			
（六）課程大綱	**單元**	**章節 / 要點**	**（七）教學方法**	**（八）時間**
	一、○○○○○	1.○○○○○ ・×××× ・×××× 2.○○○○○ ・×××× ・××××		
	二、○○○○○	1.○○○○○ ・×××× ・×××× 2.○○○○○ ・×××× ・××××		
	三、○○○○○	1.○○○○○ ・×××× ・×××× 2.○○○○○ ・×××× ・××××		
（九）教學資源	□筆電　□投影機　□喇叭　□白板　□海報架 □post-it便利貼　　□海報紙　　　□教具準備		
（十）其他事項	□分組方式 □提醒事項		

圖 6-1-1

2. 解工作需求之「痛」

指的是透過崗位的職能分析找出能力的落差，培養特定職位人員提升在工作崗位上的專業能力，或是為了培養未來潛力人才或儲備幹部所規劃的課程，如專業職能和管理職能的相關培訓課程。

3. 補個人需求之「缺」

指的是透過年度績效考核找出員工能力的落差，或是年度訓練需求調查彙整員工的學習需求，因應這些需求所規劃出來的課程主題，如職場成長或語文類的相關培訓課程。

我舉個例子，假設講師要講授的課程主題是「客訴處理技巧」，開課的原因是要解工作需求之「痛」，那麼課程緣由的描述就可以這麼寫：「近期客訴案件不斷增加，為了強化第一線服務人員面對顧客抱怨時的應對技巧，降低客訴發生的機率，提升顧客滿意度，特地開辦此課程。」這就是這門課程的訓練目的。

二、課程對象

指的是這個課程要調訓的對象，對企業內訓來說，通常

是根據前面所提到的三種需求，決定要調訓哪一類的特定人員，當然也有一些課程的調訓對象是不限定特定對象，也可以開放有需要的人報名參加，這通常是補個人需求之「缺」的課程，尤其是對外招生的公開班課程，通常都是針對有需求的人就可以自由報名參加。

三、課程時數

　　指的是這個課程的長度，要特別說明的是，課程的時數通常會和後續的學習評估有關聯，通常學習評估的層次越高（何謂學習評估？請參閱9-3的說明），課程的時數就會相對較長，因為有些課程內容確實是需要學員投入較長的時間來理解和吸收才能達到學習成效。不過，通常企業或學員都會對這部分有過高的期待，總是希望能在短時間內就達到學習成效，因此講師在規劃課程前，一定要事先做好溝通和評估。

四、學習評估

　　指的是學員參加培訓課程後的學習成效，是聽懂了、學

會了，還是能落實到行為的改變，或是能為個人或組織產出
具體的績效，這部分是講師在規劃課程時，一定要先審慎評
估和確認清楚的，因為這攸關後續教學目標的設定和教學策
略的擬定，還有課後評估工具的設計和檢核方式。

五、教學目標

　　教學目標和訓練目的不同，訓練目的提供了對培訓活動
的整體指導，關注培訓整體的目的和理念，而教學目標則是
實現這目的之具體行動。教學目標是具體的、可衡量的、可
達成的目標，旨在實現訓練目的，也就是教學目標是將訓練
目的轉化為具體的、可操作的行動步驟或結果。

　　教學目標的訂定對講師的教學至關重要，因為教學目標
決定了講師對課程內容的取捨，明確講師要講授的課程範圍
和重點，也指引著講師的教學過程，讓講師的教學能圍繞著
目標來著力，同時教學目標也是課後評量和測驗的重點。既
然教學目標的設定對講師的教學有如此顯著的影響，那麼該
如何正確地設定教學目標呢？

　　教學目標的設定必須要符合學習成效的要求，因此講師
在設定課程的教學目標時，針對不同屬性的教學目標，必須

要用「動詞」來陳述，以做為課後學習評量的依據，教學目標的設定可包含以下三大面向：

1. 認知（Knowledge）方面

　　認知指的是對知識、概念、原理，及其應用和問題解決能力的學習，主要是知識的獲得與應用。換句話說，就是透過這個課程，學員所獲得相關知識的增長，如：「了解ESG的趨勢和實施要點」、「理解顧客關係管理的意涵與價值」等。

2. 技能（Skill）方面

　　技能是一種習得的能力，表現的結果是身體動作的迅速、精確或連貫等，如動作熟練、應變靈機、觀察敏銳等。換句話說，就是透過這個課程，學員能獲得相關技能的提升，如：「提升客訴處理的應對技巧」、「強化團隊溝通與激勵的技巧」等。

3. 態度（Attitude）方面

　　態度是指對外界刺激的心理反應，如喜歡、厭惡等，進而影響在行為上所採取的行動。換句話說，就是透過這個課

程影響學員態度或觀念的改變，如：「建立管理者應有的認
知與使命」、「認同變革對組織發展的重要性」等。

六、課程大綱

在教學目標確認後，講師就可以展開課程大綱的架構設
計了。一般來說，一個教學目標可以展開一個或是多個課程
單元，若干個教學目標，就構成了若干個課程單元，將每個
單元按照一定的邏輯排列起來，就構成了一個課程主題的課
程大綱。

接著，每個單元都可以再細分成章節和要點，透過逐項
的構思就可以讓課程大綱的結構更有層次，段落更清晰，重
點更明確，這將有助於講師後續能更快速地進行相關課程素
材的收集和教學方法的設計。

不過，對於多數講師來說，針對課程大綱的編寫往往不
知道該從何著手？其實課程大綱的架構依課程主題的類型不
同，有多種不同的架構方式，在此我分享一個幾乎可以適用
任何類型主題的課綱架構方法，我稱之為「起、承、轉、
合」四階段法（如圖6-1-2），說明如下：

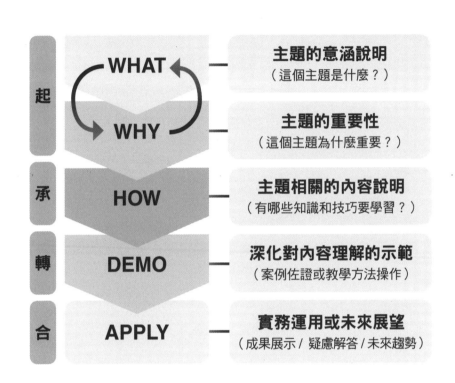

圖 6-1-2

1. 起

「起」是做為課程大綱的第一個單元，就是一開始先說明這個主題的意涵，也可以用「WHAT」表示。換言之，就是先說明這個主題是什麼？如果這個主題是普遍性、很容易

理解的，課綱一開始也可以改成用「WHY」開始來表示（因此用雙箭頭表示），亦即先說明這個主題為什麼重要？讓學習者對這個主題產生關注。「起」的階段在課程大綱的呈現上，通常是分成二個單元，也可以是結合成一個單元。

2. 承

「承」是指課程內容的開展和學習的進程，也就是這個主題有哪些觀念、知識和技巧是學習者必需要去理解和學習的，也可以用「HOW」來表示。換言之，就是要如何去學好這些內容，「承」的部分通常是按照邏輯順序或學習的步驟來組織課程內容。「承」的階段在課程大綱的呈現上，通常視學習內容的多寡，可能會是一個或是多個單元。

3. 轉

「轉」是指對主要課程內容的輔助說明，也就是透過案例、示範或教學活動，提供學習者對課程內容有更深層次的理解，也可以用「DEMO」來表示。換言之，就是講師引用案例佐證或設計教學活動，如：個案研討、角色扮演或體驗活動等方式來輔助學習。「轉」的階段在課程大綱的呈現上，通常會是用一個單元來呈現。

4. 合

　　「合」指的是要給學習者留下一個完整的課程印象，並幫助他們將所學應用到實際工作或未來的學習中，也可以用「APPLY」來表示。換言之，就是講師可以舉證課程在實務上的應用成果，或是未來的展望等，也可以用常見問題解惑來當作整個課程的收斂。「合」的階段在課程大綱的呈現上，通常會是用一個單元來呈現。

　　為了讓各位理解如何透過這個「起、承、轉、合」四階段法快速架構出一個課程大綱，我舉以下這兩個例子供大家參考，第一個例子是從「WHAT」開始做為第一個單元所設計出來的課程大綱，最後是用常見問題解惑來收斂（如圖6-1-3）；第二個例子是從「WHY」開始做為第一個單元所設計出來的課程大綱（如圖6-1-4），最後是用未來展望來收斂，如圖所示：

　　透過這兩個主題的課程大綱展開案例，是不是更能理解「起、承、轉、合」四階段法的運用了呢？這個方法可以快速提供一個深入淺出、條理清晰的課程導航地圖，講師可以依據每個單元展開更細部的章節和內容要點做進一步的設計，完備整個課程的大綱設計。

課程主題：CRM系統使用教學

WHAT	一	什麼是CRM系統？
WHY	二	推動CRM系統的重要性
HOW	三	CRM的功能和使用時機
DEMO	四	CRM系統-實例操作示範
APPLY	五	常見問題說明與注意事項

圖 6-1-3

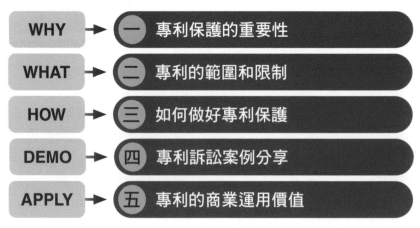

課程主題：專利的價值與運用

WHY	一	專利保護的重要性
WHAT	二	專利的範圍和限制
HOW	三	如何做好專利保護
DEMO	四	專利訴訟案例分享
APPLY	五	專利的商業運用價值

圖 6-1-4

七、教學方法

講師在完成了課程大綱的單元、章節和要點的設計後，就必須著手思考這些課程內容要搭配哪些教學方法，才能讓內容得到最佳的呈現方式，達到高效、有用又有趣的效果，至於各種教學方法的設計和操作要領，可以參考第四章的內容說明。

這裡要特別提醒的是，講師在設計各單元的教學方法時，要避免只單一使用課堂講述法，一定要思考更多元的教學設計，同時也必須要考量各種教學方法所需花費的時間長度，以免無法在單元規劃的時間內完成，反而影響到教學的成效。

八、時間配置

課程主題已經有確定的總時間長度，因此講師在規劃每一個單元時，就必須要做好時間上的分配，在內容上做取捨，才能控制所有內容可以在規劃的時間內講完，以免最後造成時間不足或過剩的情況。

九、教學資源

　　教學資源指的是講師上課時需要哪些教學的相關設備來搭配，尤其是設計教學方法時，是否需要特定的設備和教具來進行，例如：影音設備、白板、海報架和便利貼等教具，這些都必須事先做好準備，因為這攸關講師教學的流暢度和教學活動的效率，將直接影響到學習的成效。

十、其他事項

　　除了以上這九項所需要注意的事項外，其他如學員分組的方式、桌椅的排列等教學必須要特別提醒的事項，講師若有特殊的要求，都可以再加註說明。

　　以上就是教案設計表內十項主要內容的編寫要領，若能掌握這些編寫的技巧，就不用擔心無法研發出一門好課程。誠如前面1-2所提，講師就是三位一體的角色，要能同時扮演好「導演」、「編劇」和「演員」，缺一不可。尤其是「編劇」這個角色，更是判斷一位講師是否具有深度內涵的重要指標，是講師必須花時間好好修煉的關鍵能力。

6-2 / 教學素材收集與編撰技巧

　　清代散文家劉大魁說：「理不可以直指也，故即物以明理；情不可以顯出也，故即事以寓情。」這意思是說，理念或道理難以直接傳達給他人，需要透過具體的例子或事物來闡明和解釋；同樣地，個人的情感也難以直接表達，需要透過具體的情境或事情來體現和傳達。由此可知豐富和適當的課程素材，對課程內容的理解和培訓效果的提升都有顯著的影響。

　　因此講師若想要讓自己的觀點被人理解和接受，就必須花心思收集合適的資訊事例或是理論數據來支持講述的內容，否則課程就會給人一種「假、大、空」的感覺，很難具有說服力、讓人信服。那麼講師又該如何進行教學素材的收

集呢？我將教學素材分為以下三種類型，做為指導講師收集
教學素材的方向：

一、核心素材

是指課程內容一定要教授到的主要教學素材，也就是講
師期待學員在課程中務必要學習到的知識點。

二、輔助素材

是指協助學員理解主要內容（核心素材）的補充素材，
如輔助的案例、教具或教學活動等，講師如因培訓時間不足
而省略，也不影響到主要教學內容的素材。

三、活絡素材

可稱為是錦上添花的素材，是指講師在課程活動中穿插
如競賽、遊戲和笑話等，和教學的目標無連結，只是為了增
加課程活潑度，激發學員學習興趣的素材。

　　當然，講師要累積大量且優質的教學素材，絕不是臨時抱佛腳，上網找找資料就可以完成的，這需要靠講師平日的工作歷練和生活的用心觀察，經過沉澱和整理後才能逐漸累積出優質的教學素材。

　　所以，講師平日在收集教學素材時要能做到「多」和「廣」，而在選擇教學素材時則要注意「嚴」和「精」，這樣才能達到言之有物、言之有理又言之有趣的效果，要如何掌握這其中的要領，可遵循以下這五個原則：

一、切合主題

　　主題是整個培訓課程的中心思想，偏離了主題，素材就變成了零散雜亂、毫無意義的瑣碎東西。因此，要正確處理教學素材和主題間的關係，用主題去統領素材，用素材去表現主題，所有的教學素材都必須是以能否為主題服務做為取捨的標準，彼此相輔相成。凡是與主題關係密切，能有力地說明和烘托主題的素材就選用，凡是和主題關係不大，不能很好反應主題的素材就要懂得取捨，寧缺毋濫、忍痛割愛。

　　實務上，我經常看到有些講師對自己累積的素材產生了感情，對某些比較生動有趣的素材捨不得丟棄，即使和主題

的關係不夠密切，但仍然強行置入課程內容中，雖然可達到課程活潑的效果，但卻常造成言不及義、不得其要旨，學員也感受不到和主題的連結性為何？導致影響了整體培訓的效果，反而得不償失。

二、真實可靠

講師不能引用沒有把握的教學素材，必須注意引用資料的嚴謹度，因為一旦學員對課程內容的真實性產生懷疑時，那麼講師在台上如何生動精彩的演出都會大打折扣，尤其是若某些學員對這領域也有所涉獵時，就會覺得講師是在胡說八道，進而對講師的誠信產生懷疑，那麼對接下來講師所說的內容，學員都會採取保留的態度。

因此，教學素材的選擇首重真實可靠，只要是道聽塗說來的訊息，不確定的資訊，無論多麼的精彩有趣，講師都必需要捨棄，務必力求做到精確無誤，同時註明引用的出處。這包括所引用的事例不能是偶然、個別的現象，而是普遍存在、能反應事物本質的，講師如果仍需要使用這個特例，也必須特別聲明，不能誤導了學員。

同時，講師也要注意引用素材的時效性，引用的資料和

數據一定要越即時越好，確保資訊是最新的動態變化，這樣才能更具有說服力。

三、典型深刻

「精能勝多」，教學素材的收集可以廣和多，但在實際採用時要能做到「以一當十」，選出最典型、具針對性的素材。所謂的典型素材指的是具有鮮明特徵、有強大說服力，能夠深刻揭示事物本質的材料。無論是哪一方面的主題，一定有曾在這領域發生過的經典事例，講師如果能從眾多的素材中篩選出最典型、最具代表性的內容，便能更精準有效地表達所要傳達的觀點，讓學員留下深刻的印象，增加對課程內容的理解和認同。

四、新穎有趣

教學素材要能取材新穎、生動有趣，才能引起學員的興致、創造學員的期待、吸引學員的參與，因為知識也有所謂的「保鮮期」，所以課程引用的素材要能保證內容鮮活，讓學員有耳目一新的感受。我建議可從兩個方面來著手收集這

類的素材，一方面是從近期發生的事例，尚未被他人發現或引用的資訊；另一方面是在他人已引用的素材中去找出新意，賦予不同的觀察和觀點。

五、就近取材

所謂的「就近」指的是從我們的生活周遭去收集相關的素材，因為從大家熟知的環境中所收集的素材，將更能容易讓人感同深受，引發學員的共鳴。講師可以依據授課的主題來收集該領域相關的案例、故事和數據，可以引用近期的時事，或是該產業內所發生的消息，讓學員能夠體會和聯想，可以感受到這就是發生在生活周圍，是跟自己有關的，這樣更能吸引學員的關注，提升對課程內容的認同度。

以上就是講師選擇教學素材的五大原則，在我講授的主題中，無論是管理、銷售、服務或是講師培訓的課程，我在備課進行教學素材收集時，一定都會自我要求，找出該主題最經典、實用、有趣又能引發共鳴的素材，這一直以來都是我的課程特色，也是我能深受肯定的原因之一。

那麼講師可以從哪些管道來收集這些教學素材呢？我提

供以下幾個管道，供大家參考：

一、網路資源

　　利用網路來收集教學主題的相關素材可說是最快速、便捷的方式了，只要在搜索引擎上輸入課程內容的關鍵詞，就能搜尋到大量相關的資訊，尤其是近期又有ChatGPT的加入，講師在收集素材，甚至寫文章時都可以節省很多的時間。不過，在這裡要特別提醒的是，網路上的資訊雖然取得容易，但並不代表一定都是真實和正確的，講師必須知道自己引用的是屬於哪一個層級的資訊，才不會誤用，一不小心又誤導了更多的人。

　　因為不同層級的資訊反映了資訊的來源和可靠性，也提供了不同的觀點和解釋，一般來說，資訊的來源可分為以下四個層級：

1. 一手資料

　　指的是知識最原始、最直接的源頭。也就是直接由當事人或原始來源所提供的資訊，尚未經過第三方的轉述或解釋的資訊。

2. 二手資料

是指經由第三方轉述或解釋的資訊。是基於一手資料進行分析、整理或詮釋後產生的資訊。

3. 三手資料

三手資料是在二手資料的基礎上進一步整理、摘要或總結的資訊，通常是為了傳播而進行整合或簡化後的觀點。

4. 四手資料

是指由媒體所提供的資訊，儘管有些資訊可能也是基於一手或二手資料，但由於各種動機或角度立場的不同，資訊的客觀性可能有所不同。

根據我的觀察，許多講師常常因為簡單方便就接收了四手訊息，然後誤當作是一手訊息在課堂上就傳播出去了，這樣將會讓更多人誤以為事實就是這樣，實在不可不慎啊。

此外，網路資料的缺點是不具有唯一性，你會引用，別人也會引用，這樣的資料就缺少新鮮感，也沒有自己的特色。所以講師除了找到正確的資訊外，更重要的是必須將這些資訊進行吸收、整理、轉化和內化成為自己的知識系統後再輸出自己的獨特觀點。

二、權威著作

　　每一個行業都有權威或代表性的人物，他們的研究或是著作通常具深厚的底蘊和豐富的知識內涵，很適合做為講師收集該領域素材的資訊來源，可以是提供講師編寫課程內容的重要參考，尤其是每一種領域的經典著作，更是身為講師必讀的作品，例如：談管理學，就一定要看過彼得・杜拉克的（Peter Drucker）的《管理聖經》（*The Practice of Management*）、吉姆・柯林斯（Jim Collins）的《從優秀到卓越》（*Good to Great*），或是彼得・森格（Peter M. Senge）的《第五項修練》（*The Fifth Discipline: The Art and Practice of the Learning Organization*）；而談行銷學就一定要讀過菲利普・科特勒（Philip Kotler）的《行銷管理》（*Marketing Management*）、克里斯・安德森（Chris Anderson）的《長尾理論》（*The Long Tail: Why the Future of Business is Selling Less of More*）等；談教學這個領域，如班傑明・布盧姆（Benjamin Bloom）的《認知領域的分類目標》（*Taxonomy of Educational Objectives*）、傑夫・馬紹爾（Jeff Marshall）的《高效能教師的七個成功訣竅》（*The Highly Effective Teacher: 7 Classroom-Tested Practices That Foster Student Suc-*

cess）等。

　　所以，身為講師一定要知道該領域的學術制高點和未來發展的趨勢，多讀大師的著作可以協助講師梳理知識系統、提升專業視野、促動靈感，更能為課程內容提供扎實的研究數據和學術理論的支持。

三、專業期刊和產業分析報告

　　除了透過網路收集資訊和閱讀經典著作外，講師也可以參考專業性的期刊或是產業分析報告來收集相關的資訊，因為這些資料都會是最新的數據分析和行業資訊，講師可以更精確地掌握相關領域的趨勢發展，例如《哈佛商業評論》（*Harvard Business Review,* HBR）和《經濟學人》（*The Economist*）等，這些都是被業界公認在該領域最具權威且專業的雜誌，講師可引用最新的研究理論或是案例做為課程的輔助內容。

　　另外，講師若需要提供學員最即時和精確的數據資料時，可以參考該行業專業機構的調查報告或研究結果，例如：金融業、通路業、汽車業、科技業、製造業……等，每年都有專業的行業調查報告來分析如產業趨勢、營銷現狀、

品牌知名度、客戶滿意度……等資訊，引用這些最新的調查統計資料，也可增加課程內容的說服力。

「理論是林、案例是樹，好的教學要能見林又見樹」，一位優秀的講師一定要經常習慣性地大量收集素材，經由素材的收集可以讓講師進一步優化相對應的課程內容、充實知識內涵，讓教學的理論和實務更完整的結合。

講師若能掌握這些教學素材的收集要領，無論是案例、故事、表單、數據、圖片或影片等，都能增強學員對內容的理解度和提升學習體驗的效果，讓課程更具有實用性和啟發性，講師在編撰完成一門好的課程劇本後，邁向講師的明星之路就不遠了。

第 **7** 章

精妙有力
的結尾設計

想要看到小改變，請從行為著手；
想要看到大改變，請從思維著手。

—— 孟想彥語 ——

　　美國作家約翰‧沃爾夫說：「演講或培訓最好在聽眾興趣未盡時，戛然而止。」課程的結尾設計要能做到簡潔有力，「理性」中又帶有「感性」的色彩，確實是需要講師用心構思才能達到的完美境界。

　　那麼要如何設計才能兼具「理性」與「感性」，讓人有收穫又留下深刻的印象呢？本單元將說明結尾這個模塊中的兩個元素——「結論」和「結語」的運用技巧，讓各位輕鬆掌握其中的訣竅。

7-1 / 理性結論 的三種收斂方式

　　所謂的結論，其實指的就是「理性」的部分，也就是從課程內容中推導出來的總結，主要用意是收攏全篇，做課程內容的重點複習和回顧，再次加深學員對所學知識的理解，同時強調課後行動的重要性，鼓勵學員課後能積極地實踐，講師可以運用以下三種技巧：

一、重點歸納法

　　這是一般講師最常使用的結論技巧，做法是透過重點歸納的方式，讓學員對今天的課程做總結和回顧，強化學員對課程重點的記憶。但要特別提醒的是，運用這個方法時，回

顧的重點最好歸納在五～七項以內，不宜再列太多點，因為太多重點就等於沒有重點了。同時也要避免在結尾時花費過多的時間再做說明，失去了結尾應該有的收斂力道。

除了使用列出課程的重點外，如果講師講授的課程內容是有一個完整的流程或是架構的圖解，那麼在最後做重點複習時，也可再次引用這個流程或架構圖，再次引導學員做每個環節的重點複習，如此更能簡單扼要地達到複習課程重點的效果。

二、問答重申法

這個做法是講師將課程的重點設計成問題，運用提問的方式進行互動，先讓學員思考後給予答案，藉此來加深學員對課程內容的理解，其實說到底這也是一種重點歸納法的概念，只是將重點轉換成用問答的方式來進行。這個做法一方面可以了解學員對課程內容的吸收狀況，另一方面也可以加強學員對課程重點的記憶。

但要特別提醒的是，講師所提問的問題不宜過多、也不宜太難，因為提問的目的只是為了幫學員做課程重點的複習，並不是真的要對學員進行學習成效的考核，同時題目最

好控制在五題左右，避免在結尾時再度花費過多的時間進行問答。

三、行動促進法

學習的意義就是「學」＋「習」，所以學習的最終目的就是要習作或實踐，也就是要促使學員願意付諸行動，能將課堂中所學到的知識或技巧，用來處理實務上所面臨的問題。

所以，講師在課程結束時可以說明課後行動的重要性，提出執行後可以帶來的好處，激發學員實踐的意願，或是更進一步請學員擬定課後行動計畫，同時規範後續的檢核方式，確保學員的學習能有所產出。

以上就是講師在下結論時可以運用的三種理性的方法。最後，我再分享一個實務上經常使用，效果也很棒的課程總結技巧。這個方法是講師在課程結束時，請學員每人拿起一張便利貼，寫下今天課程中最有收穫的一個知識點，之後請小組成員彼此分享。若學員人數不多，講師也可以請大家一起公開分享，透過學員彼此分享課程中所學習到的重點，也

等同於再次把課程的精髓又複習了一次，而且這是學員自己
分享的收穫，遠比講師總結的重點更有說服力，透過每位學
員的心得分享，無形中也再次肯定和提升了課程的價值。

　　這個方式也很適合在線上課程做收斂時使用，因為線上
課程講師更不容易掌握學員的學習狀況，透過這個方式講師
便能了解課程帶給學員的收穫有哪些，往往會有意想不到的
效果呢。

　　其實，運用這個方式除了可以讓講師了解學員的學習狀
況外，對講師來說還有另一個好處，就是透過檢視學員對課
程內容有收穫的重點，正好可以做為講師未來調整或修正教
學內容時的參考，將更能夠切合學員的需求。

7-2 / 感性結語的三種呈現技巧

　　所謂的結語，其實指的就是「感性」的部分，相信大家還記得前面所提到的課程設計模組，課程開場要像放爆竹般地令人驚艷、創造驚喜、產生期待；結尾則要猶如撞鐘般，餘音繞樑、觸動人心。所以結語要創造的就是引發學員感性的共鳴，主要用意是講師透過一個感悟或是一個寓意來表達情感，再次深化主題，觸動學員的心靈，引發學員更深度的反思，可運用以下三種方式來呈現：

一、名言金句法

　　講師可以引用名人的格言或金句做為課程的結語，因為

這簡短的一句話都是經過時間淬煉後才有的人生體悟，常常能帶給人深刻地省思。除了名言外，講師也可以運用成語或蘊含智慧的俚語做為課程的結語，這些都可以增加結尾的力道，為整個課程的核心理念做一個完美的註解，帶來「畫龍點睛」的傳神效果。

分享一個課堂上的案例讓大家更容易明白，假設你是一位介紹保險商品的課程講師，在課程結尾時，你引用馬雲的話做結語，馬雲說：「保險不會改變你的生活，但可以防止你的生活被改變。」這句話是不是很感性地把整個課程的精髓提煉出來，而且又發人省思呢。

二、故事寓意法

講師可以述說一個具啟發性的小故事做為課程的結尾，也能達到柔性收斂課程的效果，故事可以是自己的親身經歷或是他人的故事，甚至分享一個有寓意的故事，都能將學員的情緒引導進講師所設定的情境中，體會到課程所要傳達的情感和理念，讓學員對課程的理解昇華到感性的共鳴，對課程留下深刻的印象。

此外，也可以選擇播放一段感性的影片做為課程的結

尾，透過影片來說故事，巧妙地帶出課程要傳達的核心理
念。但要特別注意的是，影片長度不宜太長，最好控制在兩
分鐘以內，而且一定要感性才能讓人心生共鳴，留下深刻的
印象。

三、感謝與祝福

　　一般講師最常使用的結尾方式就是跟聽眾說：「課程到
此結束，謝謝大家，敬請指教！」這個方式難免落於俗套，
也無法達到昇華課程理念的效果。但如果這個課程也只是要
讓學員充充電、增廣見聞，並沒有要達到一定的學習目標，
講師在課程結束時，只要表達出很感謝大家的聆聽，自己也
很榮幸能前來分享，同時獻上祝福，讓學員帶著良好的感受
離開，讓課程留下美好的印象即可。

　　以上就是講師在結語時可以運用的三種方式。最後，值
得一提的是，講師在結尾時，若能做到前後相照、首尾呼
應，將會更令人印象深刻，也就是講師在開場時問問題，結
尾時說答案，或是開場時說故事，結尾時說結局，前後引用
一致的素材，首尾相應，更能讓人心領神會，回味無窮，可

以說是結尾時最完美的設計。

在此，我分享一個令我印象非常深刻的首尾呼應案例，這是我曾經參與過的一場跨國商務合作會議，報告人是一間位於美國矽谷的AI公司負責人，他的目的是說明他們公司的核心技術和優勢，期待我們可以跟他們公司合作。簡報一開始時，他便引用了當時美國華爾街日報的一篇報導，報導的標題寫著：「在美國矽谷95％的AI公司都已經陷入泡沫化的危機了。」

隨後他便開始介紹他們公司的AI技術、優勢和服務項目等內容，在整份簡報內容都講解完成後，他秀出最後一張投影片，上面只有一張圖片，是一杯裝滿啤酒，上方有著滿滿泡沫的啤酒杯，之後他便秀出了這句結語：「沒有泡沫的啤酒，不夠美味。」緊接著他說：「我們就是在那AI泡沫化危機下存活下來5％的AI公司，絕對經得起考驗，請你們放心欣賞我們的美味。」這真的是令人印象深刻的精彩設計，充分展現了首尾呼應的技巧，不得不承認是個令人佩服的完美佈局。

著名的幽默大師林語堂曾說：「演講的結尾就像女孩的短裙一樣，要越短越好。」教學也是這個道理，結尾的內容一定要精煉，不宜再長篇大論，而且要做到「理性」和「感性」兼具，才能保有結尾應有的精妙力道。

第 **8** 章

魅力台風
與精準表達

在談論溝通和表達時，我們經常會聽到講師引用「麥拉賓法則」（Mehrabian's Rule）來強調肢體語言的重要性。這是美國加州大學洛杉磯分校心理學家艾伯特・麥拉賓（Albert Mehrabian）於一九七一年所提出的，主要論證是指要評斷一個人是否可以信任時，根據對方語言得到的訊息（內容、辭意）佔7％，從聽覺得到的訊息（語調、語速）佔38％，透過視覺得到的訊息（儀態、表情）佔55％，因此也稱為「7-38-55法則」。

但若仔細理解麥拉賓的原始實驗設計，一開始可能就輕忽了語言內容傳遞訊息的能力，因此常見的誤解是將其應用於整個溝通過程中，認為語言只佔7％的重要性。實際上，這個實驗主要聚焦於特定情境下的溝通，是指傳達單一情感的情境，而實驗對象是通過聆聽單一詞語或短語來評估情感的傳達，因此，這個實驗結果無法完全代表所有溝通情境中非語言要素的重要性。

不過，「麥拉賓法則」至少說明了一個情況，當語言和非語言信息相矛盾時，人們更傾向於相信非語言訊息。因此，當講師的肢體語言與他們的語言內容一致時，聽眾更容易接受並信任所傳達的信息。

所以，講師運用肢體語言來強調關鍵觀點，提供支持或

展示自信和專業性，都能夠加強語言的說服力，使聽眾更有可能接受和認同講師的觀點。因此，講師要如何有效地使用非語言訊息取得聽眾的信任，提升自己的專業形象、塑造魅力台風，是身為一位講師非常重要的課題。

　　本單元我將分享講師如何透過服裝儀態、表情眼神、聲音語調和手勢的運用來提升上台的專業形象和表達魅力，讓學員能更專注和持續地投入學習情境中。同時，將針對上台緊張的原因做分析，並提供如何克服緊張的實用技巧，讓你能更從容地面對上台。最後，我將分享講師要如何運用五大有「言值」的教學表達力創造出一場高效、有用又有趣的精彩課程，讓教學發揮出更大影響力。

8-1 / 專業形象塑造與魅力台風

　　研究表明，人們通常在初次見面的幾秒鐘內就會形成第一印象。這些印象往往是基於外貌、言談舉止和身體語言等方面的觀察，講師在台上的穿著打扮、肢體動作、臉部表情和聲音語調等，這些都是影響學員對講師觀感的重要組成要素。因為講師所展現出來的儀態、手勢和語調，會對所傳達的訊息產生影響，可以強化表達的內容，但也可能破壞了想溝通的意思。

　　因此，講師要如何善用肢體語言來加強訊息的傳達，提升講師在台上的魅力、吸引聽眾的注意力，並增強演說的效果和說服力，我將分成以下四個部分詳細說明講師可掌握和運用的技巧，如下：

一、服裝和儀態

1. 服裝的穿搭

　　我通常建議講師的穿著標準是「先求得體，再求加分」，所謂的「得體」指的並不是講師一定要穿著很正式的服裝，而是講師要比台下學員的穿著有高一階的相對概念。假設台上的講師穿著很正式，台下的學員穿著卻很輕鬆，這樣反而顯得講師和學員格格不入，產生距離感。因此，得體的意思是，講師的穿著要顯得比學員更正式一些，但卻不宜過度。舉例來說，若學員穿著 T 恤和牛仔褲，那麼講師就可以穿著襯衫，這樣就是高一階的概念，倘若學員已穿著襯衫搭西裝褲，那麼講師就可以打個領帶或是加一件西裝外套，展現出高一階的專業形象。當然，若講師授課的主題比較特殊，需要搭配特殊的服裝，那就另當別論。

　　那麼何謂「再加分」呢？假設學員的穿著都已經是非常正式了，此時講師就可以搭配一些精緻的配件，例如：徽章、別針、袖扣、項鍊或絲巾等，來為自己的穿搭點綴一下，都可以讓專業形象再加分，像我就會習慣加個袖扣，或是在襯衫外面再加件背心，穿搭出自己的風格，塑造出獨特的形象，就能讓人留下「加分」的印象。

2. 站姿和移動

　　講師在台上時一定要面向聽眾，抬頭挺胸，想像著背後被一根繩子往上拉，身體打直，不左右晃動，以免干擾聽眾的注意力。講師在台上移動時的步伐間距約一～一‧五個腳掌，同時在台上要縱向走動，不宜橫向移動，講師要能適度地縱向走向聽眾，這會產生一種專業魅力，也能讓講師更具有親和力。

　　但要特別提醒的是，講師不宜邊走動又邊講述課程內容，這樣會讓學員無法專心，因為眼睛要注視著講師的移動，耳朵又要聆聽課程內容，反而無法專注地吸收。因此，講師在講解主要課程內容時，只要站定點就可以，可以運用上半身的肢體動作來輔助就好，腳步不要左右晃動，也不宜走動太頻繁，這都會干擾聽眾的專注力。

二、表情和眼神

1. 表情

　　我們都知道講師在台上要面帶微笑，態度要誠懇自然，展現出從容自信的表情，但怎樣才算是親切的微笑呢？我通常跟學員說的標準是要露出「八顆」牙齒。回想一下，我們

在拍照時，是不是會習慣大聲唸英文字母的C，或是問西瓜甜不甜？其實，這時候我們的嘴巴就會露出八顆牙齒，這也就是最親切的笑容了。

我分享空姐在訓練微笑時的一個簡單技巧，就是用牙齒橫著咬著一根筷子，長時間練習之後，嘴角會自然呈現U字型，形成一條微笑曲線，這時候嘴巴自然就會露出八顆牙齒，就是一個漂亮又親切的微笑了，你不妨可以練習看看。

2. 眼神

眼神是講師對學員傳遞訊息的重要管道，上課時要適時地和學員做眼神的接觸和交流，不能只盯著投影片，或是目光飄移不定，不好意思和學員對視，這會讓人感覺到講師好像是在自言自語般，缺乏自信。那麼，講師要如何運用眼神來和學員交流呢？建議可以使用以下的方式：

●環視

講師的目光就像探照燈，運用目光掃視整個會場，這在課程剛開始時最常使用，也就是講師在講台站定後，面帶微笑，用溫暖的眼神環視全場，從前、中、左、右、後的方式，來回地和學員進行眼神交流，尤其要特別注視左右兩側

和後方的學員，避免讓坐在邊緣的學員感覺被忽視。

●虛視

講師目光平視前方整個區域，感覺好像看著某樣東西，但實際上什麼也沒關注。這個方式有助於讓講師暫時放鬆情緒，把精力集中在講述的內容上，但不宜太頻繁，否則表情會顯得木然，感覺好像沒有融入課堂整體的氛圍中。

●對視

講師的目光就像聚光燈般，將目光投射到某一個人身上，用誠懇的眼神和學員接觸，讓學員感覺到你是在和他單獨對話，感受到你對他的重視，這將有助於增加學員對課程的投入度。

講師若擔心直視學員的雙眼會有點緊張，導致不小心表達中斷或忘詞，建議可直視學員的兩眼和鼻頭形成的三角區域，時間約莫二～三秒，也就是大約一個句子的時間，對視時間不宜太長，也不要一直盯著同一個人看，以免讓學員感覺到不自在。

三、手勢運用

1. 手勢的擺動

講師的雙手其實就是聽眾眼球的地平線，講師要善用手

勢引導聽眾的視線。講師授課時，若將雙手下垂置於兩側，會顯得呆板沒有活力，建議可以依照授課的節奏和課程內容，適時地搭配手勢的擺動來強調重點，例如用手指強調數量，用握拳頭象徵決心……等。

　　手勢是由指、手、肘、臂這四者的動作所構成，用來表達出講師想傳達的情意。若再更進一步地拆解手勢，手有三法：指法、掌法、拳法。肘和臂的運用則有四種：上揚、伸展、下劈及擺動。一般來說，學員人數在百人以內，手勢以手的動作為主體，肘和臂隨著手而動；若學員人數在百人以上，這時手勢以臂的動作為主體，手和肘則做為輔助。

2. 手勢的定位

　　講師的儀態要得體大方，說話時雙手就要維持在腰部以上，手勢配合說話的內容自然地擺動，這樣會讓身體整體感覺比較平衡，而手勢移動的幅度，上下的擺動範圍，要在肩膀和腰部間，左右的移動範圍，雙臂展開約莫和身體呈四十五度，這上下左右的範圍就是手勢的動作「黃金圈」，而講師一旦將手往上舉超過肩膀，通常代表著情緒激昂，或是激勵聽眾時使用。

　　最後，要特別注意的是，講師不要用手指指向學員，邀

請學員時要伸出手掌，手心向上，也不宜勾動手指命令學員，這些動作很容易讓學員感覺到輕浮或不受尊重。

四、聲音表情

講師要避免講課時過於匠氣，說話語調一定要帶有感情，要能結合講課的內容，以情帶聲、以聲傳情、聲情並茂，讓情感的表達緊緊地和內容相扣。若講師說話的語調平淡、語速無節奏感，會讓聽眾容易感到疲倦，而過於低沉的聲音，也會讓人覺得有距離。那麼講師要如何運用聲音表情的變化，來持續吸引學員的關注呢？所需掌握的要訣如下：

1. 語調

語調的變化有四大要素：停頓、重音、升降和快慢。講師運用語調最重要的技巧就是說到重點和關鍵字時，要適時的「放慢」和「加重」，最好再搭配手勢做強調。講師聲調上揚，通常表示激情或自信，降低則是展現穩重和權威，那麼要如何練習聲音的抑、揚、頓、挫呢？其實唱KTV就是一個很好的練習，建議可以多挑選音調起伏變化較多的歌曲來練習，平時在閱讀文章時，也可以先放慢速度，運用音調高

低交替的發聲方式來朗讀每一個單詞，訓練自己對音調的控制。

另外，呼吸對聲音也有很大的影響，因為呼吸產生了氣息，而氣息的強弱決定了聲音的能量，氣息可以說是聲音的脈搏，因此當講述的段落較長時，一定要記得適時地換氣呼吸，才能持續維持住氣勢，不至於氣虛。

2. 語速

語速是指在單位時間內說了多少個字？講師在語速上的要求應該是快慢相宜、抑揚多變、錯落有致。語速的快慢，對傳達的效果有很大的影響，講得太快或太慢都會妨礙聽眾對訊息的接收。說話速度快、頻率高，從短時間來看，容易使聽眾集中精力，但時間一長，聽眾就會感到疲勞，而且語速過快也會影響自己的思路，或造成口齒不清，說話層次紊亂。相反的，如果語速過慢，上下句停頓時間過長，聽眾的注意力就會渙散，容易分心去接收其他方面的訊息。

因此，適當的語速會讓聽眾產生安全感，根據研究，一分鐘約莫一百八十～二百個字是最恰當的。但依據我多年的教學經驗，就傳達的效果來說，除了語速的控制外，更重要的是要善用抑、揚、頓、挫的技巧來展現說話的節奏，讓整

段話聽起來更有層次感，才能持續吸引聽眾的注意力。

　　此外，講師也要能善用「停頓」的技巧，古人說：「沉默是金」，沉默本身的能量會起到「無聲勝有聲」的作用，反而能讓學員暫停思緒，關注講師接下來要說的話，有時候比一直不停地強調還要有用。

　　或許你也曾有過這樣的經驗，講師在台上說了一個笑話，聽眾卻毫無反應，當然有可能是笑話真的不夠好笑，但更可能的原因是講師並沒有給台下聽眾足夠的時間去理解，當他們還未來得及領悟發笑時，講師已經接續下一段內容了，這就是適時停頓的重要性。

　　我個人非常喜歡看相聲和脫口秀，仔細觀察這些演員每次講完笑話後，都會刻意停頓片刻，讓聽眾理解其意思，然後聽見笑聲後，再繼續下一個段子，這就是停頓的用意。有一句成語叫做「滔滔不絕」，是形容一個人說話就像流水一般，話多且沒有停歇，這也常被用來形容一個人口才很好，如果你也曾被人這樣讚美，那就要特別注意，是不是你說話時都沒有適時的停頓呢？

　　經由以上說明可知，雖然說話的內容在表達過程中仍然

是一個重要的組成部分，但我們需要意識到肢體語言和聲音
表情也扮演著關鍵角色，肢體語言可以補充和強化講師要傳
達的訊息，讓聽眾更容易理解和記憶這些重點。

　　透過身體姿勢、眼神、聲音和臉部表情的變化，講師可
以傳達情感和態度，讓課程更生動有趣，同時和聽眾建立更
深層次的互動和聯繫，營造出積極正向的能量，讓講師更具
魅力與感染力。

8-2 / 克服上台緊張的五大要訣

　　美國國家心理衛生協會（National Mental Health Association）曾做過一份調查，公眾演講是人們最擔心的事情之一，僅次於死亡。各位可能還聽過一份更有趣的調查，人類最恐懼的事情中，「死亡」只是排在第二位，而排第一位的竟然是「上台說話」。此外，根據華盛頓大學的一份報告也指出，超過75％的人害怕在公共場合演講。

　　雖然不知道這些調查的準確性有多高？但大家一定聽過或自己也曾說過這樣的話：「我死也不要上台」、「只要一站上台，我就緊張得要死」……等類似的話，其實這和上述的調查結果有著相同的意涵，這種恐懼實際上被稱為「公眾演說焦慮」，是一種常見的心理現象，指的就是人們擔心上

台的表現所帶來的焦慮現象。

　　我擔任職業講師這十六年來，累積到現在的上台次數也已經超過三千場次，面對聽眾的人數從十幾人到上千人都有，雖然上台對我來說已經是家常便飯了，但其實每一回上台前，我還是會有些許的緊張，因為我原本的個性也不是一個喜歡上台說話的人。

　　所以，別看我現在上台好像很輕鬆的樣子，但其實這背後也都是經過一番努力和刻意練習才累積出來的。那麼我自己是如何克服這個「公眾演說焦慮」的心理障礙呢？依據我自己多年的實戰經驗，以及教練過上百位職業講師的心得，整理歸納出以下這幾個關鍵技巧，相信透過持續不斷地練習，你也能自在地面對每一次的上台，我分享如下：

一、認真備課、熟記前兩分鐘的台詞

　　我在培訓業界素有「備課漢」的封號，學員常說，我如果不是在上課，就是在備課。但其實我想強調的是，講師上台前認真專注地備課是非常重要的，這是克服上台恐懼最重要的「底氣」，也是最有效的方法。因為講師緊張的來源，有很大部分是來自對課程內容的掌握度不足，千萬別看短短

一小時的課程，有時候這背後所花費的備課時間很可能是超過一天的時間，真的是所謂的「台上一分鐘，台下十年功」。所以，講師要建立上台的信心，第一要務就是要對上課的內容下足基本功夫。

如果你是一上台看到聽眾就不自覺會忘詞的話，那麼我建議就先背下開場前兩分鐘要說的話，我指的是「逐字稿」，不僅僅是重點摘要，因為我看過許多講師上台的第一時間，往往由於太緊張就忘記原本一開始要說的話，或是一開口講的內容和原先設定的不同，這時候往往為了要能盡快地回想起來，情緒反而會顯得更加緊張，甚至開始冒冷汗，導致自己的腦中一片空白，最後連一句話也想不起來。

所以，講師如果可以把前兩分鐘要講的話先背熟，一開場很流暢的表達，先穩住自己的情緒和掌控住現場的氣氛，對自信心的建立及後續課程節奏的掌握，都會是一個很好的開始。

當然，你也可以當天觀察現場的情況，開場時臨時加上一些和現場聽眾有連結的內容，讓你的開場能顯得更接「地氣」，但我要提醒的是，除非你有把握可以連結得很好，否則反而打亂了自己原本的節奏，也可能會弄巧成拙，讓自己顯得更緊張。

二、自我暗示、想像成功的畫面

什麼是想像成功者的畫面？我給它一個名稱叫做「護身符」，也就是先找出一位你很欣賞或崇拜的對象，然後試著回想他演講或授課時的風采，記住那個你認為很有魅力的成功畫面。然後，當你站上台時，想像此時的你如同他一般的充滿魅力，好像他就附體在你的身上一般，積極地跟自己的內心對話，告訴自己一定可以做得跟他一樣好，藉此讓自己充滿自信和能量。

這個方式有點像你平時在KTV練習唱歌一樣，假設你很喜歡某位歌手的一首歌，你在練唱時是不是也會模仿那位歌星的唱法，甚至是唱歌的姿勢，然後忘情地投入，想像你就是他，也像他唱得一樣好，就是這種自我暗示的感覺。你也可以告訴自己，如果這次的上台很成功，就給自己一個很棒的獎勵，來增強自己的動機和自信心。

三、先微笑、再面對有微笑的人

笑可以讓你舒緩緊張感，如果你還是很緊張笑不出來的話，先在上台前用兩根食指一左一右把自己的嘴巴拉開來，

讓嘴巴的肌肉先放鬆，然後先試著「假笑」，這個方式可以讓你的笑容慢慢變得比較自然，漸漸地就會變成是一種習慣。講師一上台先微笑面對聽眾，除了可以展現出親和力外，學員也會回應你一個微笑，自然就能緩和緊張的氣氛。

　　若課程一開始，講師發現大部分的學員都很不專心或很冷漠時，講師就會懷疑自己是不是表現不好，頓時失去信心，然後就會變得更加緊張。遇到這種狀況時，我分享一個很實用的技巧，就是上台時快速搜尋一下台下的聽眾，找出有對你點頭微笑、展現善意的人，先對著這些有投入課程的學員講課，暫時先不要理會冷漠的學員，以免自己的情緒受影響，先穩住自己的情緒，再慢慢建立起自信，帶動起整體的課堂氣氛後，再回頭來調動這些較冷漠的學員，讓他們融入課程中。

四、善用肢體語言、適時停頓

　　相信大家都有這樣的經驗，緊張時呼吸就會顯得更急促，上台前你可以集中注意力，緩慢地深呼吸，吸氣時雙手跟著呼吸的節奏大幅度地張開，呼氣時雙手再大幅度地收合，在上台前反覆做個幾遍，最好可以持續做三分鐘，這樣

可以幫助你放鬆和減輕壓力。同時，你也可以善用肢體語言，透過臉部表情和手勢的運用來展現自信，更自然地表達自己的想法，增加授課的魅力。

講師在授課過程中，適時地停頓和留白，可以幫助你更好地掌控授課節奏和重點，這些都可以減少你的焦慮和緊張感，多點時間和聽眾做眼神的接觸和交流，也能更好地傳達信息，增加你的親和力和信賴感。

此外，要提醒的是，講師的身體狀況也會影響到心理的狀態，所以講師必須養成良好的生活習慣，保持身心健康，尤其是上台前一晚，一定要有充足的睡眠，因為這會嚴重影響到隔天的精神和思緒，也會降低臨場反應的能力。

五、以教為學、刻意練習

即使事前做了再好的準備，了解再多上台的技術，最重要的還是需要不斷地練習、練習、再練習，唯有透過不斷地刻意練習，才能幫助你更有自信地上台。你可以找一些朋友或是家人來當你的聽眾，先試著對他們講一遍，收集他們給你的反饋建議，如果沒有人可以讓你試講的話，也可以對著鏡子練習，或是用手機把練習的過程記錄下來，找出自己不

足的地方，然後進行微小的改進，再透過刻意地練習優化，這樣不斷地學習循環，來精進自己的能力。

　　講師在每次課程結束後，更要針對自己的表現進行復盤，持續地調整和改善，透過以下這四個學習循環（如圖8-2-1）：以教為學、即時反饋、微小改進、刻意練習，就能不斷地推動自己的成長和進步，將這些能力逐步內化成為自己的本能。

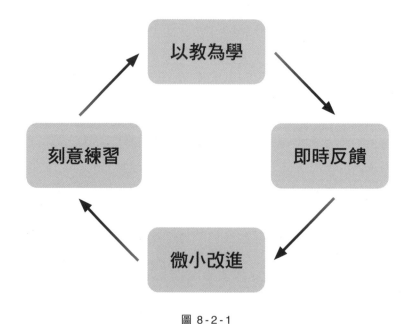

圖 8-2-1

　　最後，還是要再次提醒，為了避免現場設備有突發狀況，影響到課程的流暢度，講師一定要提早一些時間抵達現場，先熟悉場地空間和測試相關設備，做好課程所需的前置準備工作，將可能發生的意外狀況降到最低，也才能減少上台前一些不必要的焦慮。

　　我經常用這句話勉勵學員，「你必須要很努力，才能看起來毫不費力。」其實站在台上就像鴨子划水一樣，鴨子在水面上看起來很輕鬆，但實際上在水底下的兩隻腳是很忙碌的，需要不斷地用力划才能維持身子在水面上的平衡。

　　所以，要能輕鬆上台不緊張，其實也是經過長時間不斷努力的結果，透過事前充分準備、正面心態的建立、善用肢體語言，加上刻意的練習，你必定可以擊敗上台恐懼症，輕鬆上台不費力。

8-3 / 五大有言值的教學表達力

我身為講師的教學教練，常常被問到這一題：「你認為怎樣才算得上是一場精彩的教學呢？」我的標準回答就是，只要能掌握這五個有「言值」的教學表達技巧，必定會是一場高效、有用又有趣，讓人印象深刻、獲益匪淺的精彩課程。我能夠說得這麼肯定當然不是沒有原因的，這是我多年教學的心得所提煉出來的重點。那麼，何謂五大有「言值」的教學表達力，我分別說明如下：

一、言之有物

指的是講師的課程內容一定要有內涵。簡單的說，就

是要有「料」，也就是大家常說的要有「乾貨」或「含金量」，這也是學員最重視的部分，因為學員是帶著需求和學習目的而來，當然期望課程能讓他們有所收穫。所以，若課程內容的含金量不夠高，學員就會覺得是在浪費他們的時間，便沒有耐心繼續地聽下去。

我分享之前去大陸上課時，一位企業的人資總監跟我說的一段有趣的話，她說：「根據她辦理培訓多年來的觀察，發現有些講師上課的內容『水』太多，學員感覺吃不飽，課程的滿意度就會很低；但也有些講師上課的內容『料』太多，學員會噎著、消化不良，課程的滿意度也不高。」

從這個有趣的比喻可以得知，講師的教學內容一定要先確保「料」是充足的，也就是要有實用的內容，讓學員可以吃得「飽」，接著便要思考要如何設計讓學員可以「不噎著」，能夠輕鬆且順暢地吸收完課程豐富的料，讓他們滿載而歸。

二、言之有理

指的是講師上課所講述的內容，無論是舉例、說故事或帶活動都必須要能切合主題。簡單的說，就是要「師出有

名」，這些內容是否有充足的證據和事實來支持自己的論點？是否有相關的學術理論或是研究報告做支持？資料的來源是否具有可信度？尤其是講師引用相關數據時，一定要標明資料來源和年份，這樣才會具有公信力和說服力。因為一旦講師誤用了錯誤的資訊，可能會因此誤導聽眾，後續會造成什麼影響不得而知，不可不慎。

此外，一位受人敬重的講師，除了講述的內容要有憑有據外，更要能將自己的專業做有系統地梳理，提煉出獨特的體悟和觀點，若能更進一步的轉化，昇華成知識架構或應用模型，自成一家之言，便能發揮出更大的影響力。

三、言之有序

指的是講師的論述方式是否能夠深入淺出、架構完整、邏輯清晰，讓人容易理解、模仿和學習。相信你也曾聽過某些成功人士的演講，在當下一定感覺到內容很充實，讓人情緒激昂或開懷大笑，但卻也經常是上課很感動，下課不知道該怎麼動？總感覺聽到很多重點，也有很多值得參考的地方，但就是無法整理出一套自己可以學習的方法或是可以遵循行動的步驟。

　　因此，講師必須要將豐富的教學內容進行系統化和結構化，運用起、承、轉、合的順序，將課程內容有邏輯、有架構地組織起來，透過循序漸進、深入淺出的引導方式，讓學員有方法、有步驟地吸收和學習，才不會讓人覺得課程內容好像很豐富，最後卻也抓不到重點為何。

四、言之有情

　　指的是講師在教學時必須要能充滿熱情，真情流露，不要淪為一位毫無情感的「說書匠」，課程中可以透過故事、案例或體驗活動來觸動學員的內心，取得共鳴、引發反思。講師可以在課程中融入自己的生命歷練和親身故事，因為這些都是獨一無二的，也是別人所模仿不來的，而講師在分享時所流露出來的真情和魅力，也正是一位講師最動人的特色。

　　因此，講師對生活要維持高敏感度和洞察力，累積自己的生活體驗和人生閱歷，用自己的生命去教學，將更能觸動學員內在的感悟，讓教學達到一個豐盛有情的境界，發揮更深遠的影響力。

五、言之有趣

　　指的是講師的教學能讓學員覺得有趣，且有吸引力，能引發學員的關注，刺激學員持續地參與，這也是講師認為最難掌握的部分。以前我們常說：「師者，傳道、授業、解惑也。」這句話到了現代應該要改成：「師者，傳道、授業、『解悶』也。」因為現代人的專注力已經越來越短了，講師的教學內容如果不夠生動有趣，將很難吸引學員持續地關注和專注學習。

　　那麼要如何做到有趣呢？其實這裡指的有趣，並不是指講師要會說笑話，當然講師如果天生幽默風趣，那肯定對課程加分不少，但並非每位講師都有這樣的特質。

　　那麼該如何克服呢？首先，講師要懂得將課程中有趣的「梗」先鋪陳好，就像相聲裡的抖包袱一樣，在適當的時機再抖出來，自然可以達到預期的「笑」果了，不過這也需要透過講師的刻意練習才能達到自然的效果。其次，講師也可以善用「類比」的方式，連結學員已知的有趣生活素材或時事案例，拿來和課程內容作類比，也能讓課程增添許多趣味。

　　不過，要讓學員能持續參與，覺得課程有趣，其實講師

透過教學活動的設計是最直接有效的方式，這才是多數講師可以學習和運用的。講師若能依照課程內容搭配多元的教學活動設計，無論是分組討論、角色扮演或是遊戲化等方式，善用同儕間的互動和分享交流，課程自然就會顯得有趣多了。

以上，就是五大有「言值」的教學表達力，身為一位講師千萬不要變成一位「知識搬運工」，只是將知識複製後再貼上，照本宣科，完全失去了自己獨有的特色和魅力，只要能仔細琢磨這五個表達技巧的內涵，不斷地自我修煉和刻意練習，相信你也能發揮出自己獨具特色的教學影響力。

第 **9** 章

以終為始
的培訓規劃
與設計

「教」的效果，要用「學」的成果來證明。

——孟想彥語——

　　「企業培訓需要的是醫院，不是藥局，一次培訓不可能治癒所有病症，必須依靠的是一個療程」，這段話是我經常提醒講師在幫企業規劃培訓課程時一定要有的思維。我擔任培訓機構總經理期間，曾獲頒「國家訓練品質獎」和多次的「TTQS金牌獎」，目前我也擔任國家人才發展獎的顧問和TTQS評委，所以一直以來我都非常重視培訓是否能為企業帶來效益。因為企業花錢辦訓練，就是希望能看到一些改變，或是能幫公司解決一些問題，而不是為了消化預算或是讓員工把培訓當作是一種福利來看待。

　　因此，一位真正重視培訓效益的講師，就必須要有「以終為始」的培訓設計思維，懂得如何為企業規劃出具有效益的培訓課程，協助企業厚植人力資本，提升人才發展體系的運作效能，確保預期的培訓成效，這才是一個真正有效的培訓療程。

9-1 / 理解PDDRO 與ADDIE的意涵

　　企業為何要辦訓練？這次的培訓能為企業帶來什麼效益？員工培訓的規劃和公司的願景或組織的目標有連結嗎？學員會有什麼改變或收穫？這些都是講師在做企業培訓規劃前，一定要先梳理清楚的問題。因此，這個單元我將介紹講師在為企業規劃培訓課程時，一定要有的兩個很重要的培訓設計思維，一個是TTQS的PDDRO管理迴圈，一個是ADDIE訓練方案的設計模型，分述如下：

一、PDDRO的意涵

　　台灣勞動部勞動力發展署為協助各事業機構及訓練單

位提升辦理訓練品質，自二〇〇五年起參酌ISO9000系列之ISO10015、英國IIP人才投資促進方案（Investors in People, IIP）制度，及我國訓練產業發展情形，就訓練的計劃（Plan）、設計（Design）、執行（Do）、查核（Review）、成果（Outcome）等階段，制訂一套訓練品質系統（TTQS），並自二〇〇七年起推動實施。

為了擴散TTQS應用範圍，自二〇一五年正式將訓練品質評核系統更名為「人才發展品質管理系統」（Talent Quality-management System，簡稱TTQS），透過PDDRO管理迴圈（如圖9-1-1），協助組織建立一套完整且系統化的策略性人力資源發展體系，提升訓練體系運作的效能，厚植人力資本，創造企業的競爭優勢。PDDRO管理迴圈各階段的意涵，分述如下：

■計畫（Plan）

這個階段關注的是企業的培訓規劃與企業營運目標之關連性，以及企業訓練體系的操作能力，涵蓋了培訓的「明確性」、「系統性」、「連接性」及「能力」等四大項目，用來確保企業的培訓規劃是否和企業營運目標是一致的，四大項目的管理要點如下：

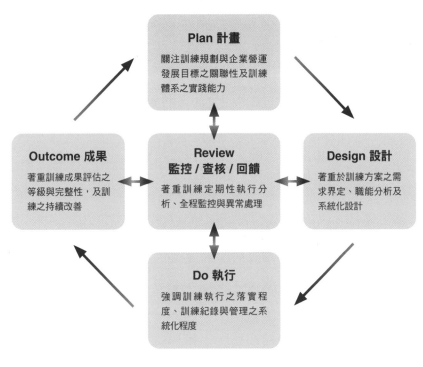

圖 9-1-1

PDDRO 的管理迴圈 （資料來源：勞動部勞動力發展署）

❶「明確性」：是指包括組織願景、使命、策略是否
充分揭露，目標與需求的訂定是否明確，高階主管
是否有訓練承諾和參與，公司是否有明確的訓練政
策與核心訓練類別。

❷ 「系統性」：是指包含訓練品質管理制度與文書手冊是否完備，相關文件是否有公告、更新和保存紀錄。

❸ 「連接性」：是指訓練規劃與經營目標達成間是否有連接，如何展現訓練發展方向與訓練的行動計畫。

❹ 「能力」：是指訓練單位與部門主管的訓練發展能力，也就是訓練人員是否有足夠的訓練相關職能，部門主管是否對人才的發展有承擔責任。

　　這裡要特別說明的是，企業培訓計畫的擬定並不是無中生有，也不是想上什麼課就上什麼課，或是照著之前的課程重複開課，而是必須讓人才的培訓和公司的營運目標結合，進而達成公司的願景和使命。因此，講師必須清楚培訓規劃與企業營運目標間的關連性。舉例來說，如果公司的現狀是人員離職率高、產能不足或品質不良等原因，針對這類營運目標缺口，應先針對各項目落差的原因進行分析，這些結果不見得都是和教育訓練有關，有可能是人力不足、設備老舊、無獎勵制度……等，若是這樣就不是經由培訓可以完全改善的。反之，如果落差的原因是主管的管理能力不足、員工沒有品質意識、公司要培育AI的技術人才……等，就可以透過培訓的規劃來改善這樣的狀況。

■設計（Design）

　　這個階段著重在以下幾個項目：訓練需求相關職能的分析與應用，是否有進行適當的職能落差分析，發展課程能否落實訓練方案的系統設計，強調利益關係人的過程參與，培訓產品或服務購買是否合規，最後是課程的設計產出是否符合訓練目標和訓練需求。

　　這裡特別說明「職能落差分析」對培訓規劃的重要性，首先要先了解何謂「職能（Competency）」？依台灣勞動力發展署（二〇一四）於「iCAP 職能發展應用平台」上對職能做出如下的定義：「職能係指成功完成某項工作任務，或為了提高個人與組織現在與未來績效所應具備的知識、技巧、態度或其他特質等能力組合。」也可以說是一種知識、技術、能力以及其他可以衡量的特徵模式，亦即個人需要成功地表現工作角色或職業能力的統合能力。

　　一般在企業內通常將職能區分為：核心職能、管理職能和專業職能等三大類，分述如下：

❶ 管理職能：
依據公司的長期目標來界定各階層主管所應具備管理方面相關的能力，如：決策思考、危機管理、溝通協調等，一

般又可分為基層、中階與高階主管需具備不同的管理能力。

❷ 專業職能：

依據不同的工作性質所需具備特定技術的能力，如：財務分析、程式設計、勞動法規等，亦即依照功能別或作業程序的不同，個人所需具備的專業知識與技能。

❸ 核心職能：

依據公司的願景和使命來界定組織應具備的競爭能力，並可適用於公司所有同仁，如：當責、創新思考、顧客導向等，亦即每位同仁都必需具備的特質或能力，能為公司創造競爭優勢，同時形塑企業文化及價值觀。

所以「職能落差」指的是公司每一職務所需的能力與現有人員擁有能力間的差距，也就是員工所擁有的知識和技能與其所擔任職務所需的知識和技能間的差距，唯有清楚這其中的落差為何，才能針對性地規劃出適切的培訓計畫，提升員工相對應職務所需具備的能力。

■執行（Do）

這個階段著重訓練計畫執行的落實度和訓練資料的管理，前者包括學員的遴選、師資的遴選、教材的選擇、教學方法的選擇和訓練設備；後者包括訓練資料的分類與建檔、

相關資料可進行分析及運用的程度。

　　此外，學習成果的移轉與運用更是這階段的管理重點，訓後是否能展現適當的機制與安排，促使受訓學員將課程所學運用於工作或展現適當的獎勵、懲罰措施，促進訓練達到個人、小組團隊及組織績效改善之成果。

■查核（Review）

　　這個階段是針對以上各階段進行查核，著重在訓練的評估報告和定期性綜合分析，以及監控與異常矯正處理，包含定期課後檢討紀錄、學員建議與回饋，針對異常部分是否有適當的因應措施，必要時採取適當矯正措施、防止再發生。

■成果（Outcome）

　　這個階段著重訓練成果評估之等級與完整性及訓練之持續改善，包含訓練成果評估工具的使用與多元性，也就是針對學習成果的四個層次做評估，受訓員工的工作成就和組織的擴散效果，最後是否獲得高階主管肯定及對組織績效改善有具體的成果。

　　據此，我整理PDDRO各階段的輸入（Input）、過程

（Process）和產出（Output）來說明TTQS程序管理的重點
與產出，以利能更清楚掌握各階段的規劃要點，如下表所示
（表9-1-2）：

TTQS 訓練管理 （程序）系統	I - 輸入	P - 過程	O - 產出
P - 計畫	經營策略計劃	經營與培訓需求 分析	年度培訓目標與 計劃書
D - 設計	年度培訓計劃	培訓課程目標與 作業設計	年度課程實施計 畫、報告與管理 作業檢核表
D - 執行	作業準則	依據準則作業施 行	過程管理表單、 紀錄資料
R - 查核	管理表單及培訓 相關資料	資料彙整、分析、 檢討	定期檢核報告
O - 成果	檢核報告資料	召開檢討會議進 行成效檢討	成果報告書

表 9 - 1 - 2
TTQS 程序管理重點與產出

　　以上就是PDDRO管理迴圈的內涵，也是企業導入TTQS培訓體制運作是否能成功的重要關鍵。若能透過PDDRO的管理迴圈，以終為始的落實公司的培訓規劃，便能確保培訓的內容是公司和員工所真正需要的，也才能補足職能的缺口，讓員工的能力提升，為組織帶來績效，達成公司的營運目標，進而成就公司的願景和使命，這才是企業實施培訓最大的意義和價值。

二、ADDIE的意涵

　　ADDIE是一個設計有效訓練方案的系統化方法，是目前最常被參照的教學設計模型。這個模型是由分析、設計、發展、實施和評估這五個階段所組成，提供了一個有條理、系統化的方法，幫助課程設計者規劃、開發和實施一個高品質的培訓課程。

　　ADDIE的各個階段反應了系統性問題解決模型中的主要步驟，該模型始於問題及其原因的識別Analysis（分析），然後提出問題解決方案Design（設計），準備解決方案Develop（發展），建置執行Implement（實施）以及確定解決方案是否成功Evaluate（評估），各階段的工作重點、產出

和內容如圖9-1-3所示：

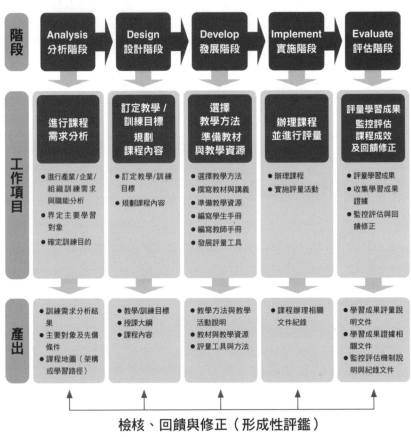

圖 9-1-3
ADDIE 五階段流程 （資料來源：勞動部勞動力發展署）

　　ADDIE模型主要包含以下三個方面的內容：學習目標的制定（學什麼？）、學習策略的應用（如何學？）、學習評量的實施（學會沒？），以下為ADDIE這五個階段的詳細說明：

■分析階段（Analysis）

　　這個階段主要目的是確定訓練課程的需求和目標，包括進行產業、企業和組織訓練需求與職能分析、學習者的需求和背景分析、學習內容和訓練目的，以及評估標準等。在這個階段，課程設計者需要收集和分析相關資料，以便確定學習者的需求，才能設計出合適的訓練課程。

　　這裡所指的「分析」是指需求的評估，需求被定義為：「教學事件的預期狀態與學員當前狀態的差異」。例如：若要針對客服人員進行培訓規劃，就需要制定在培訓後的評估標準，包括態度、知識、技能和行為習慣方面的目標。同時，調訓前也要評估學員已具備的狀態，也就是先備條件。針對評估學員的起點狀態的方法可以是觀察、測試或訪談等方法，將起點狀況的評估資料和培訓目標相對照，就可以分析出培訓所需投入的時間和資源的多寡。

　　具體來說，在分析這個階段所需要執行的項目，包括以

下內容：

- 確認這需求或問題是可以利用培訓來解決的。
- 釐清訓練目的，確定是提昇學習者的認知、態度與技能方面。
- 確定學習者需有的先備條件，以及哪些落差會影響對課程的學習。
- 規劃課程地圖，也就是學習路徑的分析，即在可利用的培訓時間內可以實現多少學習目標。

■設計階段（Design）

　　這裡所說的設計是一種比較狹義的概念，在這個階段，課程設計者需要使用分析階段所收集到的資料，設計出具體的訓練課程，也就是根據課程總體的教學目的，制定出具體的教學目標、課程大綱、內容結構和教學活動等，以便創造出有意義的學習體驗。

　　具體來說，在設計這個階段所需要執行的項目，包括以下內容：

- 把訓練目的轉換成表現性的結果與主要的教學目標。

- 確定所涵蓋的教學主題或單元，以及所需要的時間。
- 依據教學目標安排課程單元的順序及要達成的目標。
- 確定每一單元的內容大綱和教學活動。
- 制定出評價學員已習得內容的具體標準。

■ 發展階段（Develop）

在這個階段，課程設計者需要開發訓練課程所需的資源和材料。這包括教學材料、多媒體資源、學習管理系統等。課程設計者需要確保所有的教學資源和學習材料都是符合學習目標和評估標準。一般而言有兩種狀況，一種是在現有的課程教材中補充資料，另一種是改變現有的教材，或開發一個全新的課程教材。

具體來說，在發展這個階段所需要執行的項目，包括以下內容：

- 確定教學活動與教材的類型。
- 編寫課程教材與設計教學活動。
- 準備教學資源與發展評量工具。
- 開發講師培訓教材或輔助材料。

■實施階段（Implement）

在這個階段，課程設計者需要實施訓練課程。這包括執行教學活動、使用學習資源和管理學習的過程。課程設計者需要確保學習者能夠獲得高品質的學習體驗，也就是必須將設計階段和發展階段的產出，如：教學計畫和教學材料，進行實際的執行和運用。

具體來說，在實施這個階段所需要執行的項目，包括以下內容：

●落實辦理訓練課程。
●實施評量相關活動。
●進行和保存相關紀錄。

■評估階段（Evaluate）

在這個階段，課程設計者需要評估訓練課程的成果和有效性。這包括評估學習者的學習成果、評估學習過程的效率和有效性，以及評估訓練課程是否能夠實現設定的目標。根據評估結果，課程設計者或講師可以做出相應的調整和改進，以提高培訓課程的成果和有效性。

具體來說，在評估這個階段所需要執行的項目，包括以

下內容：

- 課程教學材料的評價。
- 學員學習成果的評價。
- 講師教學成果的評價。
- 監控評估與回饋修正。

　　以上就是ADDIE教學設計模型的內涵，最後藉由檢視各階段的產出，進行檢核、回饋和修正的形成性評鑑，持續地改善優化，讓講師可以進行調整和改進教學，以確保訓練方案的有效性。

　　總結來說，PDDRO指的是人才發展品質管理迴圈的運作，讓講師可以協助企業循序漸進推動訓練品質的持續改善機制，讓企業將訓練從成本的「支出」觀念，扭轉為「人才投資」，讓人才成為單位最重要的資產。而ADDIE指的是設計課程的系統，這模型提供了一個結構化的教學設計過程，讓講師可以創建高品質、高效率、有價值的教學方案。這兩者從宏觀到微觀、從整體規劃到執行細節，前後一致、相輔相成，講師若能熟悉和運用這兩項培訓設計思維，必能達成以終為始的培訓目的。

9-2 / 教學策略 的意涵與執行要領

　　在說明教學策略前，我引用加涅（Robert M. Gagne）等學者在《教學設計原理》書中所提到的，雖然沒有最佳的教學設計模型，但教學設計必須符合以下的基本假設：「教學設計必須是以幫助學習過程，而不是以教學過程為目的。」這段話也剛好呼應了教學策略的核心理念，其實教學策略在本質上就是我之前所提到系統化教學的道、法、術、器中的「法」，有了清楚的「法」，再搭配教學的「術」和「器」，便能達到預期的教學目標，實現訓練最終的「道」。

一、教學策略的起源

首先，我們來談談何謂「教學策略」？這個概念起源於美國教育心理學家加涅《學習的條件》（*The Conditions of Learning*）一書中所描述的教學事件。加涅說：「我們認為，所謂教學策略就是幫助學員以自己的努力達到某一目標的計畫。教學策略可以在講師指導的教學情形下出現，或是以媒介材料編寫說明的情形下出現。」

因此，我們可以把教學策略當作是有意識的安排，也就是在支持內部學習過程中的一套外部事件，一切的教學目的都是在提供教學事件，目的是引導有效學習的種種過程。那麼何謂「教學事件」呢？簡而言之，就是和學習過程相關的各種活動，如下：

❶ 引起注意，確保刺激被接受。

❷ 告知學習目標，建立適當的預期。

❸ 提示學習者回憶先前的學習。

❹ 呈現清晰和富有特色的材料。

❺ 提供學習指導。

❻ 引出行為反應。

267

❼ 提供行為表現的反饋。

❽ 評估行為表現。

這些教學事件可以由講師或透過教學材料提供，也可以由學習者自己提供，例如：課堂互動的問題可以由學習者自己提出，反饋的訊息也可以由學習者自己提供，這樣教學策略就與學習者的學習策略結合在一起了，講師的教學策略便可以轉化成學習者的學習策略。

二、教學策略的意涵

「教學」的英文可以是「Instruction」，也可以是「Teaching」。狹義上「教學」指老師和學生在課堂上的雙向互動，其英文是「Teaching」，廣義上「教學」不僅包含狹義的定義，還包含教師和利益關係人的課前教學準備，如：制定教學目標、開發教材教具、準備學習評量及教學補救措施等，因此用英文「Instruction」表示更為恰當。

在二十世紀末，「教學策略」一詞已在教育心理學、教育學與教育辭典中廣泛出現，以下我將介紹關於教學策略的幾個定義：

❶ 皮連生主編的《教育心理學》指出：「教學策略不是指具體教學方法，而是指適合達到一定教學目標的一整套教學步驟、方法、媒體的選擇等。」

❷ 頤明遠主編的《教育大辭典》把教學策略定義為：「建立在一定教育理論基礎上，為實現某種教學目標而制定的教學實施總體方案，包括合理選擇和組織各種方法、材料和確定師生行為程序等內容。」

❸ 迪克和凱瑞的《系統化教學設計》指出：「教學策略一詞大體涵蓋了選擇傳輸系統、對教學內容進行排序和分組、確定一節課的結構，以及選擇傳輸教學的媒體等各個不同的方面。」

❹ 施良方、崔允郭在《教學論：課堂教學原理、策略與研究》中提到：「教學策略指的是教師為實現教學目標或教學意圖所採取的一系列問題解決的行為。」

由以上這些對「教學策略」的定義可以歸納出，教學策略就是講師在教學時有計畫地引導學習者學習，從而達到教學目標的一切方法。

三、教學策略的執行

那麼我們該如何執行「教學策略」呢?具體來說,一個有效的教學策略應該劃分為前、中、後三個階段,包含教學前的準備階段、教學的實施階段和教學的評價階段,也就是教學準備策略、教學實施策略與教學評價策略,分述如下:

1. 教學準備策略

是指發生在課堂教學前,也就是講師制定教學計畫所採用的策略。它涉及教學對象的描述,教學目標的釐清、教學材料的準備、教學方式的選擇及課堂管理形式的編成等相關準備事項。

2. 教學實施策略

是指發生在課堂教學中,也就是講師為了實現上述教學計畫所採用的策略,又可將其細分為主要教學行為、輔助教學行為與管理行為等三種策略,說明如下:

❶ 主要教學行為

是指講師扮演指導者的角色,也就是講師做為教學角色

在課堂中發生的主要行為，這種行為是以目標或內容為定向的，包括講師對課程內容的講授、示範與指導等行為。

❷ 輔助教學行為

是指講師扮演引導者的角色，也就是為了讓主要教學行為產生更好的教學效果，而在課堂中發生的教學行為，它是以學員獲得具體的教學情景為定向的，包括學習者的學習動機培養與激勵措施、有效引導課堂交流和課程內容深化的引導技術等。

❸ 管理行為

是指講師扮演行政者的角色，也就是講師提供清楚完整的課程指示進行條件的創造，是講師實現教學所不可或缺的一種管理行為，主要涉及課堂紀律的管理與課程效率的時間管理。

3. 教學評價策略

是指發生在課堂教學之後，是講師或他人對教學過程做出價值判斷的策略，包括學員課後作業或行動計畫的佈達，主要涉及學員學習成果的評定和講師教學績效的考評等相關事項。

　　以上就是「教學策略」的意義和執行要領，講師必須先清楚課程的教學理念和目的，如同我們常說的要先「做對的事」，然後再把「事情做對」，這樣才能不偏離方向，更有步驟、有效率地落實相關教學活動，自然而然地達到預期的教學目標。

9-3 / 訓練成效評估與判讀要領

　　在科技日新月異、經濟瞬息萬變的環境下，培訓和發展員工的能力，是企業保持競爭優勢的關鍵之一。因此，一套完整的人才培訓規劃就必須包含訓練成效的評估在內。所以，身為講師和顧問更應該清楚訓練成效評估的方式，以及對學習者和對企業的重要性。

　　知名培訓顧問羅傑・崔格斯曾說：「訓練不是一種支出，而是一種投資。」既然訓練被企業視為是一種投資，那麼如何對訓練的投資進行評估，確認訓練的效益，對企業來說就至關重要了。

一、訓練成效評估的意義

有句話是這麼說的：「如果你測量不到它，你就無法改善。」訓練成效評估的目的是為了判斷訓練是否達成預期的目標，以及訓練的成本效益比，藉此檢視訓練的相關程序，判定訓練參與者的受益情形，做為未來決策之參考。也就是說，訓練成效評估的目的是為了判斷訓練方案的價值，用來幫助訓練決策者參考此結果，做出未來訓練方案改進與取捨的決策依據。

因此，學員是否能學以致用，能將課堂上所學移轉到工作場域上，能為組織做出貢獻，對企業而言就顯得非常重要。有效的學習移轉就是學習者將訓練中所學到的新知識或新技能，回到工作崗位上持續不斷地應用出來，達到組織擴散的效果，讓個人能力和組織績效都得到提升，進而達成公司所設定的目標。

所以，一個完整的訓練成效評估，就是在訓練期間及訓練期滿後，對於訓練方案做有系統的調查、分析及檢討，以經濟效益的觀點來研究和判定訓練的價值及和組織績效的關聯。據此，訓練評估的目的可歸納為以下四點：

❶ 評估最終結果，以了解整個訓練計畫是否成功。

❷ 評估訓練方案，做為未來訓練規劃之改進參考。

❸ 評估訓練成效，思考如何增強組織的學習成效。

❹ 證明訓練部門的貢獻與存在的必要性。

　　總結來說，就是藉由評估「受訓者」、「訓練計畫」及「組織」這三個層面，來判斷訓練設計方案是否能夠達成預期的目標、評估訓練所投入的時間、金錢、人力等資源是否適當，針對檢討結果做為以後辦理訓練時的改進參考。

二、訓練成效評估的模式

　　我經常是這樣解釋「學習」這兩個字，「學習」＝學＋習，學了以後，最重要的就是要去「習」，如果只有學，但沒有試著去練習或實作的話，那麼和沒有學的道理是一樣的，也就是說：「沒有評量結果，你的知識只是幻覺。」所以如何有效地進行學習成效評估，對訓練方案的規劃來說，就顯得特別的重要。

　　那麼，什麼是「訓練成效評估模式」呢？指的是一套協助進行訓練方案評鑑的指導方法。經常被大家拿來研究和應

用的訓練評估模式，有以下幾個知名的模型，如Kirkpatrick
的四層次評估模式、Stufflebeam的背景—投入—過程—成果
（CIPP）模式、Brinkerhoff的六階段評估模式、Bushnell的
投入—過程—產出（IPO）模式、Holton所提出的HRD評鑑
研究與測量模式，以及Phillips的投資報酬率（ROI）模式。
更進一步來說，以上各種訓練評估模式，除了CIPP模式外，
其他四個模式都是以「四階層模式」為基礎而發展出來的。

　　然而，在這些訓練評估模式中，又以Kirkpatrick的四
層次模型的論點最為大家所皆知，因為其內涵簡單易懂、階
層概念分明，最被企業的訓練人員所接受與採用，也是目前
台灣人才發展品質管理系統（TTQS）在訓練成果評核指標
（Outcome）中所引用的評鑑標準。

　　由於Kirkpatrick四層次的評估模式至今仍為學術界、企
業界經常引用，因此我將以Kirkpatrick的四層次模型為例來
做說明。Kirkpatrick認為訓練方案應該分別從參訓者的反應
狀況、學習成效、行為改變，以及績效結果這四個層次來進
行評估，而這四個層次評量的困難度、所需時間及資訊的深
度，則和評估的層次成正比（如圖9-3-1）：

圖 9-3-1
Kirkpatrick 四層次評估模式

　　這四層次評估依序為「反應層次」、「學習層次」、「行為層次」及「結果層次」，即圖示中的Level 1～Level 4，各層次的意涵，我分述如下：

■反應層次（Reaction）

　　這個層次是衡量學員對訓練課程的反應和滿意度，我通常稱之為「現場有反應」，也就是評估學員對於訓練課程整

體的滿意程度，包括：課程內容、講師表現、教學方式、場
地設備、行政服務及其他改善建議等項目。

　　反應層次經常使用的評估工具，包含：課程滿意度調
查、講師回饋意見、課程觀察表及綜合座談……等，根據評
估的結果，做為企業下一次辦訓的改善參考。這裡要特別提
醒的是，許多講師都會過度追求課程的滿意度，但其實這只
是最基本的反應層次，並無法真正掌握到學員是否有學習到
課程內容。

■ 學習層次（Learning）

　　這個層次是衡量學員對於訓練內容的理解程度，可能是
態度的轉變、知識的增長或技能的提升，我通常稱之為「事
後有記憶」。也就是評量受訓學員從課程中學習到知識及技
能提升的程度，或是強化自我信心、改善工作態度等狀況。

　　學習層次常用的評估方式如：前後測法（又可分為技能
測驗與筆試測驗）、學習成果報告、模擬練習、自我評量
法……等，根據評估的結果，進一步確認訓練課程的有效
性。雖然透過這層次的評測可以瞭解學員的學習狀況，但依
然無法掌握課程結束後，學員是否有將課堂上所學真正運用
在實務的工作上。

■行為層次（Behavior）

這個層次主要在評估學員接受訓練後，將所學的知識和技能轉化應用到工作上的程度，我通常稱之為「行為有改變」。也就是評估受訓者在訓練後的工作態度、工作行為改變的評估。

行為層次常用的評估方式如：課後行動計畫、問卷調查（其對象為學員本身、學員之主管、同事或部屬）、課後行為評估表、實驗比較法……等，根據評估的結果，進一步確認訓練課程對工作效益的影響。透過這層次評估工具的運用和回饋，雖然可以掌握學員將所學運用在工作上的狀況，但仍無法具體證明行為的改變是否和工作效益的提升有正向的關聯。

■結果層次（Results）

這個層次主要是評估學員經過訓練後，是否能對組織產生具體的貢獻，藉以探討訓練課程對組織績效實際的影響效果，我通常稱之為「績效有提升」。也就是藉由比較訓練前後的相關資料來做評估，整體訓練的成效是否有達到？如：業績的提升、品質的改善、顧客滿意度提高和員工離職率降低等具體的成效。

結果層次常用的評估方式如：前後比較法、平均比較法及問卷調查法……等，根據評估的結果來確認訓練課程對組織的價值和效益，這是企業最重視的層次，但同時也是最難評估的層次，因為影響組織效益的因素非常多，有多少是肇因於訓練的成果？多少是由其他因素所造成？這其中的關聯性為何？交互影響的程度多高？這都需要更明確地進行分辨和釐清。

以上就是Kirkpatrick四層次評估模型的說明，這個模型的優點在於比較直觀和易於操作，能夠從不同層次來評估訓練的成效，進而確定訓練課程的價值和效益，藉此去除一些低效果的方案，改善未來訓練方案的有效性，提升訓練對企業經營績效的貢獻度，以及證明訓練部門存在的必要性。

但傳統的Kirkpatrick模型也比較靜態，無法即時反應訓練課程的實際效果，缺乏動態的訓練評估。因此，在實際應用中，訓練評估人員可以根據實際的需求，將傳統的Kirkpatrick模型進行調整和擴展，以滿足企業不同的訓練評估需求，例如，可以加入績效評估、財務評估等層次，擴展評估的維度，更全面地評估訓練效果。同時，也可以結合Kirkpatrick之後提出新的訓練評估模型和工具，如「The New World

Kirkpatrick Model」，幫助企業進行更動態和更全面地訓練成效評估。除了Kirkpatrick的四層次評估模型外，經常會被提出來討論的就是傑克・J・菲利普斯（Jack J. Phillips）提出的訓練評估模式。Phillips將ROI（Return on investment）從Kirkpatrick四層次模式中的第四個層次再獨立出一個層次，以貨幣價值評估訓練成果帶來的經濟效益，形成第五層次的「投資回報率」（ROI）。Phillips認為訓練評估的目的是為了判斷訓練是否達成組織目標、訓練的成本與效益，並藉以檢視訓練的程序、判定參訓者的受益情形，透過定量的評估指標來量化訓練活動對組織的投資回報率，以做為後續訓練決策之參考。雖然Phillips的訓練評估模式，在評估訓練活動的回報和價值方面提供了有用的指標，但它也存在一些缺點和需要克服的限制：

1. 難以確定因果關係

　　訓練活動與組織績效之間的因果關係往往是複雜的，許多外部和內部因素可能同時影響組織的績效，難以單獨歸因於訓練活動。因此，在確定訓練活動的實際貢獻時，需要謹慎考慮其他因素的影響。

2. 需具備數據收集和分析能力

　　Phillips訓練評估模式要求收集大量的數據以評估訓練活動的投報率，這對企業來說需要相對應的資源和能力的支持，對多數企業而言，可能會變得困難和耗時，不易取得適當又正確的數據。

3. 過度依賴數據和量化指標

　　Phillips訓練評估模式強調使用數據和量化指標來評估訓練活動的價值，這將使得評估過程忽視一些較軟性的質化因素，因為僅僅依靠數字，無法全面地反應出訓練活動的真實價值和效果。例如：團隊士氣的凝聚、組織文化的改變、服務思維的提升等。

4. 忽略長期影響和持久效果

　　Phillips訓練評估模式透過投資回報率（ROI）的評估，顯得過於偏重單一訓練活動的即時和短期效果。然而，一些訓練活動的影響可能不是立即性的，需要更長的時間才能顯現出效益。例如：員工滿意度的提升、企業文化的認同、品牌價值的提升等。

　　儘管Phillips的訓練評估模式存在這些限制，但它仍然是

一個實用的評估框架，可以幫助企業評估訓練活動的價值和效果。其實，無論是哪一種訓練評估模型都有其優劣點，企業在應用時應該意識到每個評估模式的局限性，並結合其他評估方法和工具來進行更全面的評估，從而獲得更準確和有價值的結果。

不過，Phillips強調訓練評估的目的是判斷訓練方案的價值，其功能是可以幫助訓練決策者依據此結果做出未來訓練方案改進與取捨的決策，這個結論其實和Kirkpatrick的評估目的是一致的。

最後，如果企業相信訓練是提升員工能力和強化組織競爭力的關鍵，那麼一個好的訓練方案所執行出來的成效為何？能否達成預期的目標？就必須被企業所重視。身為講師和顧問更應該深入理解訓練評估的方式和效益，因為唯有透過訓練評估，才能了解參訓者是否能在訓練後進行學習移轉，持續不斷地應用在實務工作上，達到「以終為始、學以致用」的培訓目的。

9-4 / 混成學習 的趨勢與培訓規劃

　　從二○二○年初開始，全世界最熱門的話題無非是「新型冠狀肺炎」了，各大入口網站的熱搜關鍵字都是和疫情相關的。然而，在疫情擴散之際，「線上學習」、「雲端」、「直播」、「微課」這些和疫情毫無關係的名詞卻也登上熱搜排行榜，不難看出，新型冠狀肺炎所帶來的影響，不僅是改變了人與人之間的社交距離，更改變了你我的生活形態，甚至帶來學習趨勢的轉變。

　　疫情似乎是幫數位學習按下了快轉鍵，無論是學校還是企業，都進入了新的學習情境，線上學習在這波疫情的衝擊下，再度成了培訓界的「顯學」，但究竟怎樣的數位學習才能為學習者帶來最佳的學習效果，也就是這個單元要來談的

培訓新**趨勢**：「混成學習」（hybrid learning），顧名思義就是「混合式」的學習。

　　簡單的說，混成學習就是結合兩種以上不同的學習方法或教學媒介來促進學習的一種培訓方式，基本上可以定義為結合實體面對面（face-to-face）以及遠距教育（distance education）的一種學習模式，也泛指了應用不同的教學策略、教學方法、教學媒介和教學科技，涵蓋了同步（synchronous）與非同步（asynchronous）教學的一連串學習活動。

　　我給了混成學習下了這樣的一個註解，就是「將知識放上天際，把實作拉回人際」，因為混成學習是將傳統的面對面教學與網絡科技結合，使學習者能夠在不同的學習環境中進行學習，整合了不同的學習活動和教學資源。學習者可以根據自己的節奏和需求進行學習，一部分教學內容可以透過線上平台、數位教材和多媒體資源來進行自主學習，一部分則透過面授教學，由講師指導、同儕互動和實作練習來完成。

　　由以上說明可知，混成學習至少包含下列四種不同方法論的混合或結合：

1. 學習環境的混合

　　混成學習就是在「有限空間專注、無限空間便利」的一個理想的混合式學習模式。它綜合了多種功能，能夠使學習者參與多個正式與非正式的學習活動，從資訊提供到教學內容，從技能評估到資源支持，從訓練活動到協同作業，完全建立在以學習者為中心的環境。透過線上和線下的結合，學習者可以彈性依據他們的時間及學習速度來進行學習的一種教學模式。

2. 學習形式的混合

　　混成學習就是「線上調認知、學知識，線下做練習、出成果」，充分利用網際網路的力量，將線上學習與課堂面授做最有效的結合。運用同步（如：直播、視訊）與非同步（如：數位課程、數位資料）的虛實合作，將正式培訓與非正式學習無縫接軌，提升學習深度和廣度的教學模式。

3. 學習資源的混合

　　混成學習也是學習資源的混合，企業透過「外取內化、內萃共享」研發產出的線上課程，結合講師面授和同仁經驗分享的線下課程，將學習資源整合到一個平台上，建立「一

站式」的學習，實現隱性知識顯性化、顯性知識標準化，標準知識體系化，逐步建構成一個企業的知識管理中心。

4. 學習理論的混合

混成學習的學習策略需要多種學習理論的指導，以適應不同的學習者，不同的學習目標，不同的學習環境和不同學習資源的要求，這其中包含有建構主義學習理論、人本主義學習理論、教育傳播理論、虛實交融理論、情境認知理論等，這裡不談太多理論研究，總之都是強調以學習者為中心，主動探索式的學習設計。

在理解了混成學習的內涵後，講師做培訓課程規劃時，該如何運用混成學習的模式來設計教學內容，又該如何確保學習的成效呢？其中要掌握的要領如下：

1. 教學目標的確認

講師要有清晰的教學目標，明確的期望學員在學習結束時能夠達到什麼水平，也就是學習成果是要達到Level1～Level4的哪個層次？因為這將決定接下來混成學習的設計需要結合多少教學資源、教學活動、技術支持及學習評量的方式。

287

2. 學習資源和技術的支持

　　講師必須要事先收集和提供多樣化的學習資源，包含圖文資料、線上影片、音頻、直播教學、社群討論等，同時要確保學員都能順利使用所需的技術工具和平台，並提供相應的技術支持和指導，讓學員在不同時間和地點都能進行自主學習。

3. 促進互動合作和同儕交流

　　因為有部分課程是線上學習，學員間的交流機會相對會比較少，因此講師必須設計學習活動，鼓勵學員之間的合作、分享和討論，如社群討論、合作專案、小組任務、同儕互評等機制，來增進知識分享和經驗交流的深度，以促進同儕合作學習的機會。

4. 指導反饋與學習評估

　　混成學習需要講師從傳統的講授者，轉變為學習的指導者和資源的引導者，講師必須根據學員的需求和進度提供適切的指導和反饋，可以透過如線上測驗、心得分享、交付作業或項目任務等方式，對學習的狀況進行監控和評估，同時給予個別化的指導和支持，加深學員對學習內容的理解和應

用，以提高學習效果，達到課程所預期的教學目標。

　　總結來說，混成學習的實施需要講師和學習者具備適應新的教學模式、學習形式和教學技術的能力，同時善用學習科技，彼此也需要充分的溝通和相互合作，才能讓課程順利地運作。隨著數位學習的快速發展，我們必須在「以學習者為中心」、「傳統課堂」與「新學習科技」間取得平衡，才能帶來學習成效上的改善與突破，而「混成學習」正是最符合這個學習趨勢的培訓新型態。

第 10 章

講師的自我修煉
與成長路徑

越要快速提升能力，越是要下慢功夫，
快是「結果」不是「過程」。

—— 孟想彥語 ——

　　經常有學員問我，一位講師需要經過多少年的歷練，上台時才能泰然自若、揮灑自如，達到獨樹一格的境界呢？我的心得是：「如果這世界上真有奇蹟，那只是努力的另一個名字。」依據我多年來的觀察，許多新手講師剛入行時，都會去追隨一些所謂的「大神」或「大師」，刻意地去模仿他們的教學風格，結果常常是畫虎不成反類犬，反而失去了自己原有的特色，讓人大失所望，甚至打擊了自己的信心，變得什麼都不像，實在很可惜。

　　本章節我將透過多年來的觀察心得和實際帶領講師團隊的經驗，分享一位講師的教學風格要如何從一開始的模仿階段，慢慢地培養出自己的教學風格，然後將自己的教學境界從一開始可能是「導遊」層次，最終提升到「導思」的境界，能具備自己獨有的特色，擴大教學的影響力。最後，我更將針對企業建置內部講師團隊常見的問題點，和邁向職業講師之路常見的疑惑，提出我多年來實際執行的經驗和心得體悟，期待我的分享能為你指引出一個更明確努力的方向。

10-1 / 教學風格養成的四個階段

　　我在擔任管顧公司總經理期間，合作過數百位講師，從新手講師到職業老手都有，以我多年的觀察和教學心得，要能成為一位風格獨具的講師，必須經歷這四個成長階段：模仿→學習→深化→創新，我將各階段的歷練說明如下：

第一階段：模仿

　　我先用烹飪來做個比喻，假設你想要學習做一道料理，開始時一定是先找到一個食譜的說明，或是上Youtube看教學影片，然後開始模仿上面所教的作法，從食材的準備、調味比例、火侯大小和時間控制等，逐步照著食譜上的說明，或

是教學影片的指導按步驟來做，這樣至少可以確保這道菜能保有基本的水平，應該不至於會太失敗。

同理，一位剛入行的新手講師，因為自信心尚不足，擔心教學的成效不佳，授課時經常會模仿某些前輩講師的教學方式，無論是教學內容或互動手法，甚至連講的笑話都一樣，雖然表面上也能達到一定的教學效果，但這樣的教學方式就是處於「模仿」的階段，新手講師尚無法理解這教學背後的「道」，只能模仿表面的「術」，也就是只知其然，而不知其所以然，只能展現出教學表象的技法，無法領略背後的心法，這通常也是講師成長的第一個階段。

第二階段：學習

在經過第一階段反覆多次的模仿和練習後，你已經可以依照食譜的說明或是教學的步驟，輕鬆做出能符合水準的料理，相信到了這個階段，你已經理解要成功做出這道料理的關鍵步驟有哪些？背後要掌握的祕訣是什麼？也就是你已經完全學會做出這道料理的方法和技巧了。

同理，講師在經過第一階段的模仿和練習後，必須要能夠分析出一個成功教學背後的關鍵是什麼？是運用了哪些教

學方法或互動技巧？能夠學習這背後的祕訣，刻意練習，熟練這些技巧，能夠更自在、踏實的運用，達到知其然，更知其所以然，能理解教學背後的「道」，而不只是模仿表面的「術」，這就是講師成長的第二個階段。

第三階段：深化

　　若以烹飪的技術來說，經過第二階段的學習和刻意練習，你已經能充分理解和掌握讓這道料理美味的祕訣了，進入到第三階段，你必須能將這些技巧深度內化成自己的能力，能夠依據自己的喜好或賓客的口味，輕鬆調整某些烹飪的步驟或是食材和配料的比例，烹調出更客製化的美味料理，也將不再受限於外在食譜上的規範了。

　　所以，講師在第三階段時，除了已經熟練教學的技法外，更必須能領略教學的心法，進一步將其轉化和內化，最終昇華成自己的教學心法，如此才能運用自如、舉一反三，除了能輕鬆達到教學成效外，也能展現出自己的教學特色，這就是講師成長的第三個階段。

第四階段：創新

在經歷以上三個階段後，你對烹調的步驟和食材都已經具深度的理解了，這時候你可能會有興趣做更進一步的嘗試，跳脫出對這道菜原有的認知和框架，自己搭配食材和配料，運用獨特的烹飪方式，讓這道料理呈現出特有的風味和樣貌。

同樣的，講師的教學若能到達這個階段，除了要有扎實的教學底蘊外，對於教學的心法要能達到融會貫通、觸類旁通的階段，如此才能創造出屬於自己的風格，最終達到「習數以忘數，習形以忘形」的境界。

講師要能達到「獨樹一格，自成一派」的境界，務必要先清楚自己的特色和價值，不要停留在盲目地追隨和模仿中，才能跳脫「複製」＋「貼上」的教學模式，唯有不斷地自我修煉、學習成長，不僅要「學會」，更要能「會學」，才有機會成就出自己獨有的教學風格和特色。

10-2 / 講師教學境界的四個層次

　　每一位講師都有屬於自己的教學風格，也都可以把課程順利地上完，學員課後的滿意度也不差，但其實學員最在意的還是這課程能否讓他們有所收穫，而不只是準時下課。一門課程能否讓學員感到豁然貫通，留下深刻的印象，這就取決於一位講師的教學層次了。

　　依據我多年來觀察過上百位講師的心得，不同教學層次的講師能帶給學員的成長和收穫是有明顯差異的，我將一位講師的教學分成以下這四個層次：導遊→教師→導師→導思，逐一跟大家說明如下：

第一層次：導遊
以自我為中心，講師有什麼就給什麼

　　在這個教學層次的講師，我通常稱之為「導遊」，我先做個比喻，相信各位一定都有類似的經驗，參加了一個團體旅遊，遊覽車上的導遊一定會跟大家介紹接下來要去參觀的景點，無論是民情風俗、歷史文化或注意事項。當導遊在說明時，你可能會發現車上絕大多數的旅客都在做自己的事，甚至多數人都是閉著眼睛在睡覺，根本沒有人專注在聽。但，無論遊覽車上的旅客是否有在聽，一路上導遊還是會自己一直講，完全不在意大家是否有聽進去？或是否有聽明白？反正就是照著準備好的導覽內容說一遍就是了，這就是導遊的做法。

　　其實，這也是一位新手講師最容易犯的錯，常常不自覺的一直唸投影片的內容，眼神也不太敢和學員正面接觸，上課時就盯著準備好的內容，從投影片的第一頁唸到最後一頁，感覺就像自己在唱獨角戲，完全沒注意到學員是否有吸收進去？只是擔心內容會不會講不完，這就是典型的有什麼就給什麼，無法針對現場的情況和學員的需求，適時地做教學內容的調整，也就是教學只達到「導遊」的層次。

第二層次：教師
以學員為中心，學員要什麼就給什麼

　　在這個層次的講師，我通常稱之為「教師」，也就是講師對於授課內容的理解度和熟悉度都很高，能夠清楚地掌握課程要傳達的核心理念，也能夠清晰地知道課程內容所涵蓋的知識範圍，講師可以依據學員的需求和現場的意見反饋，適時地進行課程內容與教學方式的調整，可以滿足學員追求知識的渴望。這就是以學員為中心，要什麼就給什麼，也就是講師的教學能充分達到「授業」的目的。

第三層次：導師
以場景為中心，讓學員身臨其境、腦洞大開

　　我經常在講師班的課程中分享這句話：「教育中的知識是被告知的，培訓中的知識是被發現的。」指的是教育強調知識的傳授和告知，而培訓則是強調學習者透過實踐和經驗來發現知識。在這個層次的講師，我通常稱之為「導師」，也就是能將理論和實務做深度的運用和融合。

　　這層次的講師知識底蘊深厚，實務經驗豐富，教學技巧

游刃有餘，能結合教學場景做客製化的課程設計，在講師經驗豐富的引導下，能讓學員身歷其境、身心合一，透過深度的體驗和練習，最終的知識是由學員自己發現和體悟而來，提昇學員看待問題的層次，讓學員腦洞大開，也就是講師的教學能達到「解惑」的目的。

第四層次：導思
以共學為中心，激發學員自主反思、突破創新

其實學習的本質，就是一個改變我們「假設」的過程，因為我們的決策通常都是在自己的假設條件下所做出來的。這層次的講師，我稱之為「導思」，也就是講師能夠引導學員有獨立思考的能力，教學的目的不只是「授業」和「解惑」，而是透過共學設計、創新思維，讓學員彼此激盪出更多的想法，真正達到「傳道」的境界，讓學員可以理解和掌握知識背後真的核心理念，也就是所謂的「道」。

這層次的講師教學理念清晰、知識系統完備、底蘊深厚，教學技巧收放自如，能透過共學的課程設計，讓學習者共同參與、分享知識和實務經驗，打破原有的思維框架、體悟反思，實現共同的學習成果，這時講師的教學不只是「授

人以魚」，更能達到「授人以漁」的境界，能促進學員獨立
思考，學會如何自我學習的能力。

　　以上就是我認為講師教學的四個層次，你不妨也自我反
思和復盤一下，想想自己目前在哪一個層次呢？

　　那麼身為一位講師又該如何提升自己的教學層次呢？我
建議可從以下四個方面來著手：

1. 掌握趨勢、持續學習

　　身為一位講師，一定要保持追求知識的熱情和渴望，要
能掌握行業脈動和市場的變化，同時必須不斷地更新和提升
自己的專業素養，持續了解不同行業和學習者的需求，透過
專業書籍的閱讀、參加培訓課程或研討會，來掌握產業最新
的培訓趨勢。

2. 跨界學習、拓展邊界

　　講師除了原有的專業領域外，建議也要多涉獵其他領域
的專業知識，來拓展自己的視野，提升課程的深度、廣度和
高度，因為許多領域的知識其實也都是相關聯的，譬如你講
授的是銷售的課程，那麼銷售就會和心理學及大腦的神經語

言學有關聯，如果可以將這些知識做連結，建構出自己更完整的知識系統，無論是在教學引導或面對學員提問時，講師都能更自在地進行呼應和連結，也能讓學員對相關的內容有更深刻的學習和體悟。

3. 觀摩學習、合作共好

「同行不是冤家、異業可以為師」，講師也可以觀摩其他優秀講師的授課過程，學習他們的教學設計、課堂活動和運課手法，進而改善自己不足的地方，或是邀請不同教學風格的講師一起來合作開課，透過彼此的分工互補、相互學習，來共創課程，相信必能再度提升自己的教學層次。

4. 自我反思、迭代更新

講師應該在每一次的培訓課程結束後進行反思和復盤，從學員的回饋意見中來思考還有哪些是可以改善和提升的地方，持續調整自己的教學策略、課程內容或學習評估的方式，不斷精進和提昇自己的教學層次。

最後，我想用在第八章所提到的四個學習循環：「以教為學」、「即時反饋」、「微小改進」和「刻意練習」來再

次提醒講師，一定要落實這四個循環才能讓自己不斷地精進。其實講師每次上台教學，也都是另一種形式的學習，這就是「以教為學」的觀點。在每一次課程結束後，無論是來自學員的回饋或是自己的檢討反思，也都有可以再做到更好的地方，這就是「即時反饋」的意義，也就是所謂的「教學相長」。

但，最關鍵的是，講師在得到反饋後，是否願意落實「微小改進」，自我要求、持續改善，再進一步地透過「刻意練習」內化成為自己的本能，將弱項改善，轉化成自己的優勢。之後再次「以教為學」，不斷地落實這四個學習循環，相信必定能逐步提升自己的教學層次，成為一位具獨特魅力和高度影響力的講師。

10-3 / 企業內部講師團的建置與價值

　　企業內部的教育訓練，不論是理念性的、知識性的或技能性的課程，雖然可以透過外部專家來指導，然而企業核心思想與文化的建立、經驗的傳承與專業技術的傳授，絕不是任何一位外部專家所能勝任的，這些攸關企業生存與發展的經驗與智慧，就必須仰賴內部講師來傳承與發揚。

　　近年來，許多企業陸續在內部建置學院或企業大學的制度，這些趨勢都說明了企業越來越重視自主人才的培育，以及如何透過內部講師來保留公司的智慧資產和核心技術，持續為企業培育更多的人才，維持企業成長的動能。本章節我將針對企業建置內部講師團的價值、面對的問題點，及如何打造一支高效的內部講師團隊，分別說明如下：

一、企業建置內部講師團的價值

　　我曾擔任過上市集團公司內部講師團的總教練超過十年，並獲頒集團金鑽講師的殊榮，協助多家集團子公司培育與建置內部講師團隊，更能深刻體會內部講師的成長歷程及對企業發展的重要性，在擔任顧問期間也輔導過多家上市公司建置內部講師團隊和企業大學，我認為企業推動和建置內部講師團隊有諸多的好處和價值，分述如下：

1. 保留與傳承內部知識和經驗

　　同仁能被遴選為內部講師，一定在特定工作領域上是相對優秀的人才，他們對企業內部的組織文化、工作流程和業務性質都有比較深入的了解，經由擔任內部講師，可以讓他們將這些知識保存下來，並轉化成有效的培訓內容，透過教學將這些知識傳承下去，培育公司更多的專業人才。

2. 發掘和培育公司潛在人才

　　經由內部講師的遴選過程，可以藉此發現公司內部哪些人有哪些專長，一方面可以發掘人才，另一方面當企業遇到問題時，馬上可以找到解決問題的人選。同時，這些人選在

內部講師的培育過程中，將更具備表達力和指導力，也能夠更進一步鍛鍊他們的溝通力和領導力。透過專業能力不斷地提升，他們也願意為組織做出貢獻，往往也是未來公司考量晉升和重點培育的潛力人才。

3. 提高培訓的效益和彈性

由於內部講師熟悉組織內業務的運作方式，因此能夠更理解企業內部的文化，可以針對組織特定的培訓需求進行客製化的培訓規劃，也能夠提供實踐經驗和具體的案例，讓培訓的內容更具有可操性與實用性。同時，內部講師可以靈活地配合企業的需求和時間進行培訓，無需依賴或配合外部講師的時間安排，能更快速地對應企業的需要，即時進行培訓的安排。

4. 節省公司培訓的成本

公司建置內部講師團可以為公司降低培訓的成本，雖然基於某些激勵的需求，公司可能必須給予內部講師一些實質的獎勵或福利，但這些付出的成本相對於聘請外部講師的費用來說大幅地節省許多，更何況內部講師在內部傳承所保留下來的經驗和知識，更是公司無價的智慧資產。

5. 建立學習型組織文化

公司透過內部講師團的建置，讓內部講師可以成為公司內部知識的傳播者和推動者，促進組織內部的知識共享和員工之間的學習成長，提高組織學習的效能和專業能力的提升，更可逐步形塑學習型的組織文化。

此外，企業成立內部講師團還可以有系統地收集工作的Knowhow，因為內部講師在教學的過程中不斷地整理和累積知識，並將這些知識與其他員工分享與傳承，這都將有助於建立企業的知識庫，完備知識管理體系，保存企業的智慧。

二、企業建置內部講師團常見問題點

雖然大多數的企業也都認同培育內部講師的重要性，但實務執行時卻往往會面臨到一些問題，導致內部講師團運作的成效不彰，或是空有制度但卻無法落實。我依據多年來親自帶領內部講師團的經驗和輔導過數十家企業的心得，歸納出這最常見的四「不」和一「沒有」的問題，說明如下：

1. 授課意願「不高」

同仁在工作繁忙之餘，還要兼任內部講師這個角色，所

以心態的調整是很重要的，因為大部分的內部講師都是被主管「指派」來的，或已經是擔任主管職，就成了「當然」的內部講師，僅有少數同仁是「自願」擔任這個角色的，導致大部分內部講師的授課意願不高，教學時缺乏熱情和使命感，容易淪為像政令宣導的「傳令兵」，或是成為一位專業的「說書匠」。

2. 上台信心「不足」

其實就我的觀察，內部講師也不是不願意上台講課，他們對於上台也曾經是充滿熱情的，但「台上一分鐘，台下十年功」，教學只靠熱情是不夠的，講師若不懂得運用教學設計來持續吸引學員對課程的投入，僅僅只是單向式的講授教學，學員的參與度自然不高，互動性自然變差，訓練效果也會不如預期，這將會打擊內部講師的信心，對教學也就漸漸失去熱情，越來越恐懼上台了。

3. 課程研發能力「不夠」

課程教材研發對許多內部講師來說一直是個沉重的負擔，因為這是公司額外賦予的任務，同仁必須利用工作以外的時間來進行課程資料的收集和教案的編寫，對沒有受過專

業講師培訓的同仁來說是一項非常大的挑戰，往往不知道該
如何將專業知識和經驗編寫成教學可用的內容，導致花費許
多的時間摸索，對產出又沒有信心，因此影響了授課意願。

4. 培訓規劃「不完整」

　　一般企業總以為只要是主管或是資深同仁，就應該有能
力進行專業知識或經驗的傳授，或是辦理一次內部講師培訓
課程，認為這樣就算完成內部師資培訓的工作了，並沒有針
對內部講師應具備的能力做完整學習地圖的規劃，通常僅有
一次的基礎培訓後，內部講師就再也沒有精進其他能力的機
會了，導致無法持續因應學習趨勢的變化，提升講師需具備
的教學能力。

5.「沒有」管理辦法和激勵措施的配套

　　同仁擔任內部講師是「義務」？還是「榮譽」？企業對
於內部講師這個角色是否有清楚的定位？能否獲得公司的重
視和主管的認同？是否有搭配相關的辦法和激勵措施？這些
都會影響同仁如何看待這個「非正式」職務，進而影響擔任
內部講師的意願，這些因素正是內部講師團能否在企業持續
有效運作的重要支持。

三、落實三大步驟，打造高效的內部講師團隊

　　許多企業在開始建置內部講師團隊時都會有這樣的迷思，優先以培訓內部講師具備表達技巧為第一要務，總以為講師只要會表達就可以開始在公司內部進行授課。但實際情況是，若沒有先釐清哪些才是目前公司需要開辦的主題，講師受訓後仍然無法針對組織的需要產出合適的教材。更多的情況是，講師受訓後可能一整年也沒有上台授課的機會，造成培訓資源的浪費。

　　因此，要如何讓內部講師團隊能在企業內部快速發揮傳承的效益，為組織創造價值。以我輔導多家企業的成功經驗，企業只要遵循和落實以下這三個步驟，就能快速打造出一支具備專業又高效的內部講師團隊，說明如下：

第一步驟：盤點需求、梳理主題

　　首先，公司要先梳理出哪些主題是因應公司未來發展和組織需要，必須要先傳承的核心課程，因為核心課程的研發和內化是企業傳承知識和經驗最重要的工作。通常各企業的核心課程會因產業別的不同而有所差異，例如：服務業最常列入優先研發的課程大多是和服務及銷售相關的主題，而在

製造業和科技業則大多是和製程及品管相關的主題。

另外，課程的開辦頻率也是考量是否要列入優先研發的重要因素，哪些主題是公司每年都必須辦理、重複頻率很高的課程，例如：針對新進人員經常要講授法規類課程，如工作規則、個資法、環安衛等，或是金融保險業經常舉辦的專業訓練，如法遵課程、商品訓、理財營等，為了確保每位講師教學內容的一致性，這些都是應該列為優先研發的課程。

第二步驟：師資培育、知識萃取

其次，在公司梳理出要研發的課程主題後，接下來最重要的工作就是遴選出該領域中，專業度佳及經驗豐富的同仁進行師資的培訓，教導同仁如何透過知識萃取的技巧，將專業技術和實務經驗轉化成有邏輯、有架構、可複製和可學習的知識內容，再結合教學方法的設計，產出課程用的教材、表單和工具，達到知識傳承和保存的目的。

由於在第一個步驟針對要研發的主題、授課對象和課程時數都已確認，因此在這個階段所規劃的講師培訓，將有別於一般常態性的培訓課程，我稱之為「企業精品課程師資培訓」，因為有些課程主題的長度可能長達兩天，有些主題則可能連一小時都不到，因此必須針對性的規劃講師培訓的內

容,來滿足講師不同的教學需求,最終產出客製化和標準化
的課程教材和講師手冊,讓內部講師可以立即上場使用。

第三步驟:管理辦法、激勵措施

前兩個步驟完成後,基本上講師就可以立即在公司內部
開課了,但如何讓同仁維持熱情、願意持續投入執行傳承的
任務,讓內部講師團隊在組織內能長期穩定地運作,這背後
就必須仰賴第三個步驟了,也就是制定相關的管理辦法和激
勵措施來支持。透過公司內部相關制度的建立,除了能讓內
部講師在權利和義務上有所遵循外,也能彰顯公司對內部講
師的肯定和重視。

目前企業最常見的就是制定「內部講師團辦法」來做規
範,除了有這個基本「母法」的支持外,許多公司都會加上
其他的激勵措施來鼓勵和感謝內部講師對公司知識傳承所做
的貢獻,如教師節頒獎典禮、講師充電營、講師讀書會和紅
利積點獎勵等,更有多數企業將同仁是否通過內部講師的認
證當作晉升主管的必備條件之一,或是當作績效考核的重要
參考指標,這些措施對於提升內部講師的意願和榮譽感都有
不錯的激勵效果。

　　經營之神松下幸之助曾說：「人才不是企業的核心競爭力，培養和保有人才的能力才是。」企業建置內部講師團不但能傳承知識和能力、滿足員工的學習需求、降低企業培訓成本及提高培訓的效率與效果，更能進一步促進內部人才發展，建立學習型組織，提升企業的競爭力，這正是企業保有人才能力的最佳體現。

10-4 / 職業講師之路的問與答

　　你一定聽過這樣的形容，當職業講師不是「餓死？」就是「累死？」，但隨著知識經濟時代的來臨，越來越多人成為自由的知識工作者，這幾年來投入職業講師行業的人也特別的多。我在培訓產業這十六年期間，尤其是在擔任管顧公司總經理的階段，看過許許多多成功和失敗的例子，每位講師當初踏上這一行的理由和機緣都不太一樣，有人成功站上講台，但有更多人黯然退場，就我多年的觀察，能實現當初理想的講師有一些共同的特點，這正是我想跟大家分享的觀察和心得，讓想走這條路的人，可以少走一些彎路。

　　我在培訓界人稱：「孟老師」，其實「孟」這個字是「開始、啟蒙」的意思，因為除了培訓企業的內部講師外，

我也指導超過兩百位職業講師的職涯發展，所以大家都說我是讓他們站上講台的「啟蒙」老師，是講師的老師，所以才會有「孟老師」這個稱號，我也期待藉由這單元的解惑，可以帶給大家一些啟發，讓有志踏上這條路的人，能更清楚自己未來發展的方向。

問題一：我是不是應該離職當一名職業講師呢？

這個問題絕不誇張，我一年大概要回答超過二十次，近十年來，這問題我至少回答超過兩百次了。但通常在我回答這個問題前，都會先反問對方第一個問題：「為何你想當職業講師？是對目前工作內容不滿意？收入不滿意？或只是單純喜歡跟別人分享？」而我最常聽到的答案是：「我喜歡和別人分享，不但可以幫助他人，自己也很有成就感。」老實說，這答案我覺得是很棒的初衷，但這問題的核心是「離職」要當職業講師，這就意味著接下來的生活是有可能會面臨「斷炊」的危機，所以接下來我會問的第二問題就是：「你目前有經濟上的壓力嗎？」因為這是讓我會有點替他們擔心的地方，尤其是已經有家庭和小孩的人。

回到一開始請大家思考的三個問題點：「對工作內容不

滿意」、「對收入不滿意」和「喜歡分享帶來的成就感」，
當職業講師就可以「一次」解決這三個問題嗎？老實說，當
職業講師真的是一個很棒的行業，因為可以做你喜歡和擅長
的事，又可以幫助到有需要的人，更重要的是還有人願意付
錢給你，感覺上還真的是可以把以上三個願望一次滿足呢！
既然是這樣，還需要考慮什麼呢？但我想提醒的是，如果你
已經存夠一筆錢，可以讓你的生活未來二～三年不至於「斷
炊」的話，那麼你就可以自我盤點和思考以下這三個問題：

思考1：你的專長在市場上有需求嗎？

想成為一名職業講師一定有自認比別人好的專業經驗、
知識或技能可以教授給別人，幫助他人解決面臨的痛點或是
助人成長，這就類似要「開店」的概念，必須先思考你的目
標客戶在哪裡？他們真的需要這些商品嗎？這是屬於大眾市
場？還是小眾市場呢？

在我擔任管顧公司總經理期間曾面談超過上百位想要踏
入這行業的講師，也了解到有些講師確實有獨特的經驗和專
業領域的知識，但若是要講授的主題曲高和寡，只適合小眾
市場，除非這課程的收費很高，否則市場上的「點播率」不
高，這樣是很難讓一位職業講師能長期生存下來的，這是經

濟面很現實的考量，因為一旦沒有源源不絕的經濟支持，就會影響到講師的課程品質和持續研發的創新機會，最終還是會面臨被淘汰，或是黯然退場的命運，所以掌握市場上的剛性需求是很重要的。

思考2：你的專業值得別人付錢來學習嗎？

現在正處於一個資訊爆炸，而不是知識稀缺的時代，你要談的內容在網路上可能很輕易就可以取得，市場上也有很多免費的資源可以學習，你擁有的專業內容為何值得別人付錢來學習？

所以必須要思考的是：你的專業內容有獨特性嗎？你能讓學習者更輕鬆、更有效率地學習嗎？你的特色別人無可取代嗎？你能擁有這些差異化才會是讓人願意付費的原因，若未能滿足學員的期待，你可能不會再有下一次的機會，這是能否維持長期「生計」最重要的關鍵。

思考3：你的課程有不同深度和廣度的規劃嗎？

我經常問想要入行的講師這個問題：「這個主題的長度是幾小時？」最常聽到的答案通常是一～三小時，這確實是一般演講最常見的課程長度，但若是想要對外授課，這樣的

課程長度，你會希望別人付多少錢呢？這樣的課程深度能解決他們的問題嗎？尤其是企業內訓的市場，課程若要達到一定的學習成效，至少是以一天七小時做規劃，若一個主題你只能講授三小時，這樣的內容深度比較難符合企業的需求。

所以，講師一定要有能力拉高這主題的深度，如從基層、中階到高階的課程，也可以分成入門班、基礎班和進階班等不同深度的規劃，從三小時到一～三天不同的深度內容，同時再擴展這主題的廣度，可以用產業別來分，如金融業、服務業、製造業和科技業等，來滿足不同產業類型客戶的需求，這樣才能創造出更多元豐富的課程，擴大市場上的「點播率」，除能維持「生計」外，也能擴大自己的影響力。

最後，我要提醒的是，你目前可能是公司的內部講師或是中、高階主管，在公司內部授課已經受到許多學員的肯定，甚至已經開始「斜槓」對外授課了，這都是一個很好的開始，但如果考慮要把講師這職業當作是事業來經營的話，就不得不認清這一個事實，家常菜做得好，偶爾請朋友來吃，也一定會獲得好評，但這並不代表真的可以開餐廳了，這其中有一個很大的差異，就是之前家常菜是免費招待大家的，但開餐廳來用餐是要付費的，那麼客人給你的評價標準

肯定會是不一樣，不會只有讚美的話了。

　　這個比喻的意思是，當職業講師後是別人付費請你來授課，不論是企業人資或是學員對講師評鑑的標準，可就沒有像內部同仁那麼客氣了，而且學員付的價格越高，對你的期待就越大，所以身為講師一定要能掌握客戶的需求，把每一場都當作是第一場，認真地準備和持續地精進，因為每一場都是一個新的挑戰。

問題二：我確定想要當職業講師，要如何進入這個市場呢？

　　「您好，我是林○○，久聞貴機構聲譽卓著，培訓績效在業界深受肯定，我有豐富的職場歷練，目前正開始擔任講師對外授課，附上我的個人簡介和專長主題，期待有機會可以和貴機構合作……」之前我當任管顧公司總經理時，每年都會收到數十封類似這樣的講師自我推薦信。我想你一定會很好奇，我真的會一封一封仔細看嗎？答案是：「會的！」因為管顧公司就像經紀公司一樣，也需要不斷地發掘明日之星，如果這位講師的專長在市場上是「剛性」需求，或是課程內容很有特色和差異化的話，我還會安排業務團隊一起跟

這位講師交流，共同討論關於後續課程的推廣事宜。

　　延續上一個問題，如果你自我盤點後已下定決心（或已準備好了三年的儲糧）要投入職業講師這個行業，那麼該如何開始呢？我在經營管顧公司期間，合作的職業講師超過三百位，一路上看到許多講師從默默無聞的通告藝人，發展成為一線明星，當然也看到更多的講師因為儲糧耗盡，最終又回歸到職場上。其實職業講師這一行有點類似「藝能界」，你最終是成為了一線明星？二線或三線明星？通告藝人？還是停留在練習生的階段？老實說，近幾年來職業講師這行業已經和演藝圈一樣的競爭了，要能讓自己被看見也越來越不容易了，要能成為這行業的一線講師更是不簡單，但既然已決心要走進這個市場，我建議一定要先做好以下這三個功課：

第一課：打磨你的「拳頭」產品

　　當我看一份講師的履歷時，大多寫滿了很豐富的資歷，包含：產業歷練、頭銜、學歷、證照、專長……等。面談時，我會提出的問題是：「哪一個主題是你自己認為最有特色？為什麼？」如同我上一題所談的，你的專業值得別人付錢來學習嗎？如果這些答案都是肯定的，接著我就會建議要

如何打磨出進入這個市場的第一個「拳頭」產品，如同剛出道的歌手，一定要先有一首「主打歌」才能成為代表作，受到大家的喜愛和認同，接著才有機會再推薦第二首歌、第三首歌或是再出第二張專輯的機會。

在第一個拳頭產品先獲得市場的口碑肯定後，接著客戶自然就會詢問，若對象和需求的深度不同，這個內容老師可以調整嗎？這時候就如同我前面所分享的，你就可以推出這主題不同深度和廣度的課程規劃，再次獲得市場的肯定後，就是開始推出第二首歌的時機了。

以我自己為例，我一開始的拳頭產品，也就是主打歌是「內部講師培訓」標準版三天的課程，在獲得客戶的口碑肯定後，後續針對不同的需求就延伸出基礎班、進階班和精品班不同天數的課程內容規劃，也有針對特定的教學需求開辦的講師充電營的課程。在這一系列的主打歌穩定成長，獲得市場的肯定後，我便陸續推出了管理和服務行銷類的課程主題，成為我的第二張和第三張的專輯，現在這些主題在市場上也都有非常不錯的點播率。

所以要長期站穩市場，不能單靠一首主打歌，除了要將課程主題延伸得更深更廣外，累積一定的口碑後就要能再出第二張和第三張專輯。我常開玩笑的說，這樣以後開演唱會

才不會只有一首代表作可以唱，這也是我經常提到的觀念，要先單點突破，才能全面提升，講師這條路才會走得長、走得久。

第二課：選擇你的起手式

「起手式」是指要從哪裡出發才能讓你的拳頭產品被看見？如何讓你的TA（Target audience，目標客群）看到你？這課程是適合to C（to consumer）面對一般大眾？還是to B（to business）面對企業員工？是適合開公開班？還是做企業內訓？是用線上課程的方式？還是做輔導案？或是乾脆一魚多吃、萬箭齊發呢？我的看法是，很少有藝人一開始就能夠在影、視、歌三棲都很紅，通常都是歌唱得很紅了，然後去演戲，或是戲演得很紅，然後有人請他拍電影或出唱片，也就是先在一個領域獲得一定的口碑後，再去跨足其他領域，最終成為全方位的一線藝人，如同我那個時代的四大天王，就是經典的代表。

所以，我建議講師最好一開始就先鎖定好你的主要市場，用80％的時間去經營。換句話說，就是設定80％的收入來自這個主要市場，其餘20％的時間去嘗試其他次要的市場，慢慢地就可以根據市場的反應狀況來調整接下來時間和

資源的投入比例。

因為就整體培訓市場來說，每個主題都有它適合的市場，有些主題是一般大眾會有興趣和想學習的，如理財、創業、身心靈、個人品牌和學習成長類的主題，但這些主題並不見得是企業會經常規劃給員工培訓的課程。當然，不可否認有些主題也是可以通吃的，如管理、銷售、服務和簡報等這類的主題。

所以，最重要的是，講師必須知道自己專長的主題適合哪些對象，才能決定好你的起手式，讓你的拳頭產品能在適合的市場先發揮效果，獲得口碑肯定後，再逐步擴展到其他的市場，在「單點」尚未突破前，先別急著「全面」提升，避免一開始就分散資源，否則投資報酬率可能會不太符合你的預期，也會打擊到自己的信心。

第三課：創造表演的舞台

打磨好了拳頭產品，也決定好起手式後，那麼要如何開始創造自己被看見的舞台呢？我們不妨想想目前已經是檯面上的一線明星，他們當初是怎麼紅起來的呢？又如何可以做到影、視、歌三棲呢？各位一定聽過許多藝人談當年他們第一次上台的故事，不外乎是參加比賽、試鏡、有貴人提攜或

是經紀公司力捧等，現在又多了自媒體這個途徑，可以讓自己從成為「網紅」慢慢開始。

其實，職業講師這一行還真的跟藝人很類似，你的TA在哪裡，就用讓他們容易看見你的方式去接觸，無論你的起手式是公開班、企業內訓或是線上課程，現在市場上都有一些很棒的平台可以合作，如果沒有貴人幫忙引薦的話，那就要不客氣地先自我推薦，沒有門就為自己開一扇門吧，相信這些平台的經營者一定有人跟我當年一樣，也會看每一封自我推薦的信，期待找到有潛力的明日之星。

你可能會說，現在是自媒體的時代，難道不可以自己經營個人品牌嗎？除了和平台或管顧公司合作外，你當然也可以透過很多不同的方式來累積自己的人氣，但這並不衝突，如操作FB、IG、寫文章、拍短視頻、辦讀書會、Podcast、私密社群……等各種多媒體管道的經營的方式，這些都有一定的幫助。市場上也有很多課程在教自媒體的細節可以怎麼操作，但這不是我想分享的重點，我想提醒的是，要先清楚自己的定位和優勢再去做這些事，才不會事倍功半，或是徒勞無功。

我的看法不一定是對的，但絕對可以讓你參考，我認為剛踏入這個市場，必須先思考哪一個途徑是可以讓自己能更

專注在專業的表現上，而不用花太多時間去顧慮市場行銷的問題，反而把自己的時間分割了，「聞道有先後，術業有專攻」，這也是我為何第一步建議先跟有信譽的管顧公司或培訓平台做合作，雖然一開始你獲得的分潤比例會比較低，但目的是要先累積出自己的口碑和名氣，不要一開始就太在意要賺多少錢。

因為管顧公司也不是「吃素」的，他們很了解整個培訓市場的趨勢和需求，長期經營客戶和會員的關係，管顧公司也更懂得如何去包裝和行銷一位新秀講師，客戶對他們所推薦的講師也會比較有信心，這是一位Freelancer（自由工作者）不會有的資源和視野，尤其是剛入行的講師，更應該把握這樣的機會，才能為彼此創造雙贏。

最後，既然決定踏入這個市場，就不要拒絕任何可以增加曝光和上台的機會，無論是政府機構、機關學校、公協會或是一些私人的團體、組織或社群的邀約，即使只是微薄的鐘點費，甚至是無償的，只要對自己的個人品牌有加分，我都建議可以去爭取和嘗試，這樣才能慢慢累積出自己的品牌和口碑，往後也才有更多的人脈和資源，慢慢累積自己的能量和籌碼，才能再往下一步邁進。

問題三：職業講師這條路要如何走得長久呢？

　　我在擔任管顧公司總經理期間，合作的講師中有多位前輩是超過三十年的資歷，目前仍然是邀約不斷，可以說是這行業的「長青樹」，我個人目前的資歷是十六年，累積的授課場次超過三千場，授課時數累積超過兩萬小時，每年仍保持一千個小時的授課時數，應該還算是不錯的成績，那麼要如何才能做到呢？正是我想跟大家分享的內容。

　　在分享這一題前，我們先回到這單元我提的第一句話：「當職業講師不是餓死？就是累死？」要如何避免陷入這樣的漩渦中呢？我的體悟是，你必須擁有「勝任力」和「選擇權」，就不至於陷入這樣的漩渦中。

　　我先分享一個大家曾聽過的故事，內容大致是這樣的：有一位富人去一個海島度假，正悠閒地坐在椰子樹下看海，此時一位漁夫正捕魚回來，很愜意地哼著歌也坐在樹下休息，兩人開啟了以下的對話：

　　富人問漁夫：「為何不再多捕一些魚呢？」

　　漁夫：「這些魚就夠一家人吃了，其他時間我可以做自己喜歡的事。」

　　富人：「那我來教你，你可以多捕一些魚拿去市場賣，這樣就可以賺更多的錢。」

　　漁夫：「然後呢？」

　　富人：「有了更多的錢後，你就可以買更大的船，雇用更多的人去捕更多的魚，再賺更多的錢啊。」

　　漁夫問：「然後呢？」

　　富人：「然後你就可以像我一樣，不用每天辛苦的捕魚，每年都有一個月的時間可以出國度假，做自己喜歡的事，就像我這樣悠閒的看著海啊。」

　　漁夫：「我現在不就每天都是這樣了嗎？」

　　哈！當然，這故事還有很多不同版本的延伸。我只是想藉由這故事來說明職業講師這條路最終的結果是什麼？我的感想是：你可以靠自己的能力讓生活過得很不錯，但並不代表你就擁有選擇權，可以讓自己過得更自由。

　　我自己一路從內部講師轉任到職業講師，到最後成了管顧公司的經營者，合作過的職業講師超過三百位，我想分享我的觀察和體悟，要如何提升你的「勝任力」，讓自己不會餓死，又該如何讓自己擁有「選擇權」，而不至於累死。

　　我將職業講師的成長路徑分成以下這五個階段，每一個

階段除了都是我自己走過的路外，也是我觀察業界「長青樹」前輩的心得，這五個階段分別是：演講→培訓→教練→顧問→事業（品牌），分別說明如下：

第一階段：演講

我見過許多剛入行的講師，一開始都只能做短時數的培訓，大多是一～三小時的課程，多數是以演講的方式呈現，這是講師成長的第一個階段，已經有能力掌控現場的氣氛，課程的滿意度也不差，但尚無法勝任一整天的課程。

這個階段的講師授課內容大多著重在觀念的啟發，或是較淺層知識內容的分享，還無法完備整個專業知識的內容，對教學設計也不夠熟悉，更無法掌控學員的學習成效。

第二階段：培訓

這個階段的講師，對自己的授課主題已有建置完整的知識體系，能依據學員的需求規劃一天以上的課程內容，大多以公開班或是企業內訓的方式來呈現，講師的能力是可以針對課程內容做較深度的教學和指導，也能熟悉教學的設計和運用技巧，已經可以掌控課程的學習成效。

第三階段：教練

　　這個階段的講師，已經能深入理解學員面臨的困境，能引導學員突破盲點，激發出學員的潛能，有能力手把手以一對一教練的方式呈現。講師能透過有系統的引導技術來進行問題的分析與解決，共同擬定出可行的行動方案，能確保學員的行動改變和產出的成果。

第四階段：顧問

　　這個階段的講師，在某些領域的專業歷練已經足以接受企業委託執行專案的能力，講師能針對專案目標的達成進行客製化的輔導內容規劃，大多會以顧問輔導的方式呈現。這階段的講師已具備產業分析和經營策略方面的輔導能力，能務實地提出解決對策，達成專案要求的各項評量指標，確保專案目標的達成。

第五階段：事業（品牌）

　　當一位講師已經將自己的勝任力提升到第四個階段時，那肯定是不會「餓死」的，但有可能會因為接案量過多而「累死」。因此，這個階段的講師可能就會開始考慮，不再和其他管顧公司合作接案，由自己當經紀人來接案，或是引

薦更多的講師來幫忙接案，提高利潤，這樣感覺好像會比較輕鬆一些，目前在業界大部分職業講師最後都是選擇走這樣的路，最終自己成立了一家管理顧問公司。

另外，也有一種型式，就是成立一人公司，也就是只經營自己的品牌，專注在自己的專長領域，讓自己的個人品牌被更多人認同，可以藉此帶來更多元的被動收入，例如透過合作代言、節目帶貨、做會員制或是推出線上課程……等，這兩種經營方式都是講師到達第五階段可以選擇做的事，如果你問我哪一種比較好？我只能說沒有所謂的好不好，這就是一種選擇。

經由以上這五個階段的分析，你可以反思自己的勝任力是在哪個階段呢？相信只有不斷地提升自己的「勝任力」就不會餓死，最後也才能擁有「選擇權」讓自己不要累死。想清楚當初踏入這一行的初衷是什麼？是想要賺更多的錢？還是影響更多人？目的不同，選擇的策略就會不一樣，我強調這沒有對錯，就是人生的一種選擇。

我常用這句話提醒自己：「真正的自由不是你想要做什麼就做什麼，而是你不想做什麼就不做什麼。」我有幸在過去的十六年都歷練過這五個階段了，所以在卸下管顧公司經

營者的角色後，我給自己訂了一個第六個階段的目標，就是
要成為一位私人董事（Private advisory group），我給私董
的定義是：私董＝導師×教練×顧問，是三位一體的策略顧
問，私董的使命是：「自我成長、事業成功、成就他人、利
人利己」，我希望能透過職業講師之路這三個關鍵問題的解
惑，可以幫助有志邁入職業講師之路的你，能事先遇見更清
晰的未來，提早進行準備和擘劃，讓築夢更踏實，美夢能成
真，成就更精彩 、豐盛的人生。

ideaman 158

教學的王道　一流教學力，無限影響力

作者——廖孟彥（孟老師）
企劃選書——何宜珍
責任編輯——劉枚瑛

版權——吳亭儀、江欣瑜
行銷業務——周佑潔、賴玉嵐、林詩富、吳藝佳
總編輯——何宜珍
總經理——彭之琬
事業群總經理——黃淑貞
發行人——何飛鵬
法律顧問——元禾法律事務所 王子文律師
出版——商周出版
　　　台北市南港區昆陽街16號4樓
　　　電話：(02) 2500-7008　傳真：(02) 2500-7759
　　　E-mail：bwp.service@cite.com.tw
　　　Blog：http://bwp25007008.pixnet.net./blog
發行——英屬蓋曼群島商家庭傳媒股份有限公司城邦分公司
　　　台北市南港區昆陽街16號8樓
　　　書虫客服專線：(02)2500-7718、(02) 2500-7719
　　　服務時間：週一至週五上午09:30-12:00；下午13:30-17:00
　　　24小時傳真專線：(02) 2500-1990；(02) 2500-1991
　　　劃撥帳號：19863813　戶名：書虫股份有限公司
　　　讀者服務信箱：service@readingclub.com.tw
　　　城邦讀書花園：www.cite.com.tw
香港發行所——城邦(香港)出版集團有限公司
　　　　　　香港九龍土瓜灣土瓜灣道86號順聯工業大廈6樓A室
　　　　　　電話：(852) 2508-6231　傳真：(852) 2578-9337
　　　　　　E-mail：hkcite@biznetvigator.com
馬新發行所——城邦(馬新)出版集團 Cite (M) Sdn Bhd
　　　　　　41, Jalan Radin Anum, Bandar Baru Sri Petaling,
　　　　　　57000 Kuala Lumpur, Malaysia.
　　　　　　電話：(603))9056-3833　傳真：(603)9057-6622
　　　　　　E-mail：services@cite.my

攝影——高平遠
美術設計——copy
印刷——卡樂彩色製版印刷有限公司
經銷商——聯合發行股份有限公司 電話：(02)2917-8022　傳真：(02)2911-0053

2023年10月12日初版
2024年8月14日初版3刷
定價480元　Printed in Taiwan　著作權所有，翻印必究　城邦讀書花園
ISBN 978-626-318-758-0　　　　　　　　　　　　www.cite.com.tw
ISBN 978-626-318-790-0（EPUB）

線上版讀者回函卡

國家圖書館出版品預行編目(CIP)資料

教學的王道：一流教學力，無限影響力/廖孟彥(孟老師)著. -- 初版. -- 臺北市：
商周出版：英屬蓋曼群島商家庭傳媒股份有限公司城邦分公司發行，
民112.10　336面；17×23公分. -- (ideaman；158)
ISBN 978-626-318-758-0(平裝)

1. CST：教學法　2. CST：教學設計　3.CST：教學方案　521.4　112009529